FRIEDRICH GLASL

Konfliktfähigkeit statt Streitlust oder Konfliktscheu

Friedrich Glasl

Konfliktfähigkeit statt Streitlust oder Konfliktscheu

Die Chance, zu sich selbst und zueinander zu finden

Verlag am Goetheanum

Bilder auf den Seiten 138, 139, 154: © Archiv am Goetheanum

6. Auflage 2025

Der Verlag am Goetheanum im Internet: goetheanum-verlag.ch

Umschlaggestaltung von Wolfram Schildt, Berlin, unter
Verwendung eines Bildes von Thomas Hermann

Bevollmächtigter in der EU im Sinne des Artikels 16 Absatz 1
der Verordnung zur allgemeinen Produktsicherheit GPSR:
ATHENA Verlag e. K., Mellinghofer Straße 126
DE–46047 Oberhausen, info@athena-verlag.de

Satz: Höpcke, Hamburg
Druck: Jelgavas Tipogrāfija, Jelgava, Latvia

ISBN 978-3-7235-1636-2

Inhalt

Für Hannelie, meine Ehepartnerin,
der ich die Begegnung mit der Anthroposophie
und vieles mehr verdanke!

Was heisst «Konfliktfähigkeit»?

Konfliktfähigkeit heißt für mich, verschiedene Differenzen und Gegensätze aktiv und konstruktiv anzugehen, also nicht wegzulaufen und den Kopf in den Sand zu stecken, sondern sich mutig zu stellen – ohne ins andere Extrem der Streitlust zu verfallen.

Mit neugierigem Forscherinteresse kann ich mich fragen, was durch einen Konflikt zu entwickeln und zu gewinnen ist, und dabei nicht nur an die Mühsal zu denken, die Konflikte immer heraufbeschwören. Ich sage das als jemand, der sein tägliches Brot mit der Beratung und Begleitung von Menschen und Organisationen in Konflikten und Friedensprozessen verdient und deshalb die mit Konflikten verbundene Mühsal sehr gut kennt.

Die Auseinandersetzung mit Gegensätzen ist etwas ganz Besonderes, was sehr anstrengend, aber auch überaus bereichernd sein kann. Vieles aber erfüllt mich mit Sorge, wenn ich aus meiner praktischen Arbeit Vergleiche ziehe zwischen sogenannten herkömmlichen Institutionen und solchen Gemeinschaften, die sich an der Geisteswissenschaft der Anthroposophie orientieren. In vielen Punkten finde ich es bedauerlich, dass es in anthroposophischen Institutionen zumeist eine viel geringere Konfliktfähigkeit gibt als in anderen Organisationen. Gerade Organisationen, die sich mit Pädagogik, Medizin, Landwirtschaft oder künstlerischen Tätigkeiten befassen, scheinen von Konflikten besonders heimgesucht zu werden oder sie sogar anzuziehen – aus vielen auch verständlichen Gründen. Denn sie wollen in der Regel nicht die gangbaren und sicheren Wege beschreiten, sondern begeben sich auf vielen Gebieten in Neuland. Sie müssen viel wagen und experimentieren, und der Erfolg ist nicht gesichert. Das erfordert viele Auseinandersetzungen – und dafür Konfliktfähigkeit.

Ich möchte aber betonen, dass bei Konflikten das eigentliche Problem nicht die Tatsache ist, dass zwischen Menschen Differenzen auftreten. Was zum Problem werden kann, ist die Frage, wie Gemeinschaften damit umgehen können. Wenn bestimmte Institutionen sehr attraktiv sind für Konflikte, so besagt eigentlich schon diese Tatsache, dass sie etwas Besonderes sind.

In diesen Institutionen wird mit bestimmten Fragen und Themen gerungen, die eben nicht mit herkömmlichen Ansätzen oder Rezepten beantwortet und gelöst werden können, sondern wo Menschen miteinander ein Wagnis eingegangen sind, Selbstverständlichkeiten und Sicherheiten loszulassen (zum Beispiel hierarchische Konzepte in der Organisation, schematisierte Salär-Systeme und so weiter). Da gilt es, sich von vielen Gewohnheiten zu verabschieden. Es ist klar, dass wir uns da, wo Neues gewagt und gesucht wird, ständig auf einer Gratwanderung befinden, auf der wir weiterkommen oder auch abstürzen können.

Generell gesagt: Es gibt viele Konflikte und Spannungen in anthroposophischen Institutionen, aber es gibt dort eine schwach entwickelte *Konfliktfähigkeit der Menschen* und eine geringe *Konfliktfestigkeit der Organisationen*. Wohl gibt es Streitlust dann und wann, häufiger aber Konfliktscheu. Aber für mich besteht ein Unterschied zwischen

Streitlust und Konfliktfähigkeit. Streitlust bedeutet, dass ich Gegensätze suche und betone, dass ich mich gerne reibe und andere angreife, Vorwürfe und Forderungen erhebe und Ähnliches mehr, um der Reibung willen. Als Konfliktscheu bezeichne ich die Haltung, die jeder direkten Auseinandersetzung aus dem Weg geht sowie den Ärger und andere negative Emotionen nicht zeigt. Konfliktfähigkeit aber bedeutet für mich: Ich kann meine Standpunkte und Interessen klar artikulieren und mutig vorbringen, ich bin aber genauso offen für die Anliegen der Gegenseite; und ich lerne aus der Differenz zwischen meiner Auffassung und der meiner Opponenten, das Positive auch im anderen Standpunkt zu erkennen und zu würdigen und noch einiges mehr. Konfliktfähige Menschen gehen der Auseinandersetzung deshalb nicht aus dem Weg, weil sie Unterschiede als bereichernd erleben. Und weil sie das Nachgeben in einer Angelegenheit nicht dem Verlust ihres Selbstwertes gleichsetzen.

Ich habe bis jetzt nur von der mangelnden Konfliktfähigkeit und von der Scheu vor Differenzen und Gegensätzen gesprochen. Wenn wir aber eine kulturelle Erneuerung anstreben – und das ist auf den Fahnen anthroposophischer Gemeinschaften in der Regel groß zu lesen –, dann käme es darauf an, die persönliche Konfliktfähigkeit zu steigern. Das Ideal des freien Geisteslebens ist ohne Konfliktfähigkeit nicht zu verwirklichen.

Auf der Seite der *Menschen* erfordert dies Mut, Erkenntniskraft und die Bereitschaft zu lernen; auf der Seite der *Institutionen* sind geeignete Organe und eine entsprechende Gestaltung der Arbeitsprozesse notwendig. Ich spreche dann davon, dass Organisationen *Konfliktfestigkeit* brauchen (Glasl 2015, siehe auch Faller 2014). Ich meine damit zum Beispiel, dass heute viele Apparate störungs*freundlich* geworden sind: Der erste Stoß macht nicht gleich die Armbanduhr kaputt, die kann einiges aushalten. Sie ist so gebaut, dass auch nicht-professionelle Menschen damit umgehen können.

Das gilt auch für Organisationen: Wie konfliktfest sind sie eingerichtet? Inwiefern wurden Vorkehrungen getroffen? Wurde bei der Ausarbeitung der Organe und Verfahren davon ausgegangen, dass es Gegensätze geben könnte im Denken, Fühlen und Wollen, dass aber diese Gegensätze zu einer Begegnung, nicht zu einem Bekämpfen, Unterdrücken, Verketzern, Ausstoßen und Ausschließen führen sollen?

Es gibt Organisationsformen, die das begünstigen; andere tragen dazu bei, dass die Gegensätze möglichst wegorganisiert werden und ins Unsichtbare, ins Nicht-Erlebbare abgeschoben werden. Trotzdem sind sie ja da!

Bei Konflikten kommt es deshalb auf Folgendes an: Wo Spannungen auf der sachlichen Ebene nicht sofort zu einer Verständigung oder zu einer Lösung führen, da sollen diese sachlichen Gegensätze nicht alle möglichen anderen Bereiche anstecken.

Selbstansteckungsmechanismen von Konflikten

Stellen Sie sich einmal vor, dass wir während eines Vortrags im Vortragsraum einen Disput haben könnten, ob es denn vertretbar sei, dass ich mit einem Computer und Beamer arbeite. Jemand könnte vorbringen, dass ich besser auf der Schultafel schreiben und die Bilder im Sprechen zeichnend entwickeln sollte. Es gibt vieles pro, aber auch vieles kontra zu sagen. Es könnte also sein, dass Sie meinen Vortrag unterbrechen und mit mir über Didaktik diskutieren, vor allem über den sinnvollen Einsatz von Lehrmitteln. Wir hätten seriöse, *sachliche Differenzen;* daraus können wir beide profitieren. Vielleicht finden wir eine originelle, ganz neue Lösung. Oder ich bleibe bei meiner Methode und mache mit dem Beamer weiter, wie ich schon im Voraus gedacht habe.

Wenn diese fachliche Differenz nicht gleich auf Verständnis und auf Anerkennung stößt und zu keinem Konsens führt, kann das Unbewältigte in der Sachdifferenz dazu führen, dass auf der menschlichen Ebene Irritationen, Ungeduld, Ärger, ja Zweifel an Offenheit und Aufrichtigkeit auftreten. Die sachliche Differenz induziert dann über kurz oder lang *Differenzen zwischen uns Menschen.* Sobald das geschieht, wirkt das wahrscheinlich wieder zurück auf die Art und Weise, wie argumentiert wird. Und aus Ärger wird das eine oder andere Argument noch mehr konturiert und übertrieben vorgebracht. Wir begeben uns in eine polemische Auseinandersetzung.

Diese Spannung im zwischenmenschlichen Bereich verstärkt wiederum unsere Differenzen auf der sachlichen Ebene. Das eine Ungelöste und das andere Ungelöste verstärken negative Haltungen, die störende seelische «Mechanismen» auslösen. Mit Mechanismen meine ich ausdrücklich, dass in der Seele der Menschen etwas automatisch abläuft – ohne ein aktives Ich, ohne Bewusstsein: Das Ich, das Selbst spielt in der Auseinandersetzung immer weniger steuernd und gestaltend mit. Zu den beiden Ebenen der Differenzen kommt noch etwas Weiteres dazu. Ich male mir die Szene weiter so aus: Wenn Sie in der Pause mit Ihrer Nachbarin oder Ihrem Nachbarn sprechen, bezeichnen Sie die ganze Auseinandersetzung hier als furchtbar peinlich.

Und Sie sagen vielleicht: «Ganz klar, die Ursache, dass es dazu kommt, ist ja nur dieser Herr Glasl.» Wenn ich mich mit dem Veranstalter dieses Vortragsabends hinterher über das Verhalten des Auditoriums unterhalte, könnte ich meinerseits sagen: «Die Probleme entstanden einfach dadurch, dass dieser Tisch für den Computer und Beamer nicht geeignet war, und auch die Leinwand war nicht so weiß, wie sie sein sollte!» Ich suche also nach meinen Deutungen, und mein Opponent sucht nach seinen Erklärungen der Schwierigkeiten und Differenzen.

Da aber mein Opponent und ich andere Dinge behaupten, liegen jetzt unterschiedliche Deutungen vor. Würden wir diese untereinander austauschen, hätten wir möglicherweise einen Konflikt über den Konflikt, zusätzlich zu dem über die Schultafel und die Borniertheit meinerseits.

Wiederum kann man davon ausgehen, dass auch dieser *«Konflikt über den Konflikt»* Auswirkungen hat und sowohl bei den Sachdifferenzen als auch bei den zwischenmenschlichen Differenzen zu weiteren Polarisierungen führt. Die eine Ebene des Konflikts steckt die andere Ebene an. Durch diese Selbstansteckung kann eine sehr starke Teufelskreis-Eigendynamik der Entzweiung entstehen. Das Drama kann aber noch schlimmer werden: Um aus dem Teufelskreis wieder auszubrechen, machen mein Opponent und ich Vorschläge für eine Konfliktlösung. Weil schon unterschiedliche Deutungen und Erklärungen vorlagen, werden sich vermutlich auch unsere gutgemeinten Lösungsansätze voneinander unterscheiden. Es kommt nunmehr auch noch zum *«Konflikt über die Konfliktlösung»*.

In genau diesem Zustand lerne ich als Berater die meisten Institutionen kennen, die meine Hilfe als Berater oder Mediator in Anspruch nehmen wollen, egal ob sie sich an der Anthroposophie orientieren oder nicht. Mit dem Eintreten in den «Konflikt über die Konfliktlösung» wird im Konflikt eine Trennlinie überschritten, wo jetzt Ohnmacht, Hilflosigkeit und Ratlosigkeit vorherrschen.

Dennoch kommt es oft nicht so weit, dass die längst fällige Hilfe von außen auch tatsächlich beansprucht wird, weil die Meinungen über die Notwendigkeit einer Hilfeleistung auseinandergehen.

Der Konflikt hat einen gepackt. Solange nur Sachdifferenzen und persönliche Differenzen gleichzeitig auftreten, sage ich: *«Wir haben einen Konflikt!»* Sobald auch der «Konflikt über den Konflikt» und der «Konflikt über die Konfliktlösung» dazukommen, kann ich treffender sagen: *«Der Konflikt hat uns!»* Denn es geschehen Dinge, die wir bewusstseinsmäßig oder entsprechend unserer ethischen Haltung nicht mit unserem Ich gestaltend ergreifen können. Wir sind nicht mehr effektiv. Hier stellt sich die Frage: Wer handelt hier eigentlich, wenn nicht mein Selbst handelt? Auf wessen Verantwortung geht es dann?

Wenn der Konflikt uns hat, kann ich zu Hause zum Beispiel zu meiner Gitarre greifen und ein Präludium von Bach zu spielen versuchen. Beim Spiel werden meine Gedanken aber immer wieder zu dem schwelenden Konflikt hingezogen. Ich kann mich nicht auf das Spiel konzentrieren, sondern formuliere ständig Argumente, die man dem Gegner an den Kopf schleudern könnte und so weiter. Wir können nicht mehr unser Denken lenken. Der Konflikt hat uns – und das kann im Laufe eines Konflikts bis zur Besessenheit gehen! Wir sind außer uns, wir haben uns selbst verloren. In unseren Seelen laufen Mechanismen ab und bestimmen unser Verhalten – unser Ich ist nicht mehr der Lenker der Geschehnisse.

Oft versäumen nun Institutionen den richtigen Moment, aufzuwachen und den Entschluss zu fassen, etwas zur Konfliktbehandlung zu unternehmen, bevor es noch zu weiteren Verstrickungen kommt. Dadurch werden die Dinge sehr lange verschleppt, vielleicht von neuen, ähnlich ungelösten Konflikten überlagert und mit ihnen vermischt. Dies führt sehr wahrscheinlich zur Situation, dass die unerledigten Probleme aus mehreren Jahren mit ganz unterschiedlichen Personen zusammenkommen in einen großen Sammeltopf der Gemeinschaft und unglaubliche Verwirrung stiften. Jedes weitere Agieren macht die Sache noch komplizierter, sodass die Situation für die Beteiligten fast unbehandelbar wird.

Früherkennung von Konflikten

Die von mir geforderte Konfliktfähigkeit muss auch darin bestehen, sich für eine Früherkennung immer wieder zu fragen, welche Differenzen – zum Beispiel an einer Schule – vorhanden sind, was die wichtigsten Streitpunkte sind: «Seien wir doch einmal wahrhaftig, sprechen wir sie an, benennen wir sie doch!»

Es geht also darum, regelmäßig Bilanz zu ziehen und eine Standortbestimmung durchzuführen. Auch eine Vorschau ist sinnvoll, also das Nachdenken darüber, was gerade ansteht und welche Differenzen demnächst auftreten könnten.

Bei meinem Beispiel der Differenz über den Beamer stellt sich dann die Frage, ob wir eine gemeinsame Sprache entwickeln können, damit der Konflikt über den Konflikt durch unterschiedliche Begrifflichkeiten nicht noch weiter erschwert wird.

Nun muss ich noch einmal betonen, dass das Bestehen von Gegensätzen und Differenzen im Denkbereich, im Willens- und Gefühlsbereich nicht das Problem ist. Das Problem ist, wie wir mit den Differenzen umgehen.

Ich spreche nun kurz an, was ich unter sozialen Konflikten verstehe (siehe Glasl 2010, Seite 17ff.):

«Sozialer Konflikt ist eine Interaktion
- *zwischen Aktoren (Individuen, Gruppen, Organisationen usw.),*

– *wobei wenigstens ein Aktor*
– *eine Differenz bzw. Unvereinbarkeit*
im Wahrnehmen
und im Denken bzw. Vorstellen
und im Fühlen
und im Wollen
– *mit dem anderen Aktor (den anderen Aktoren) in der Art erlebt,*
– *dass beim Verwirklichen dessen, was der Aktor denkt, fühlt oder*
will, eine Beeinträchtigung
– *durch einen anderen Aktor (die anderen Aktoren) erfolge.»*

Soziale Konflikte sind also eine Interaktion, das heißt ein Miteinander-Agieren zwischen einzelnen Menschen, zwischen Gruppen, Organisationen oder größeren sozialen Organismen. Es genügt, dass wenigstens eine Person darin, ein Mitspieler oder ein Aktor, Unvereinbarkeiten erlebt, zum Beispiel zwischen meinem und seinem Denken, in den Vorstellungen und der Interpretation, die wir den Dingen geben; es können aber auch Unvereinbarkeiten in der Wahrnehmung der Dinge sein.

Aber wo nur in einem der vier Seelenbezirke (Wahrnehmen, Denken, Fühlen, Wollen) Unvereinbarkeiten bestehen, handelt es sich noch nicht um einen Konflikt. Ich spreche lieber von einem Problem, von Differenzen. Wir definieren zum Beispiel Konflikt unterschiedlich, wir haben andere Lösungsvorschläge für ein konkretes Problem – aber wir achten einander nach wie vor sehr.

Die Differenz (Unvereinbarkeit) ist an sich noch kein Konflikt. Erst wenn diese Unvereinbarkeit dazu führt, dass eine Partei meint, sie könne ihre Auffassung oder ihre Gefühle und Absichten nicht leben oder verwirklichen, weil sie vermeintlich von der anderen Partei daran gehindert wird, dann spreche ich von einem sozialen Konflikt, d. h. von einem Konflikt, der nicht nur innerseelisch gegeben ist, sondern zwischen zwei oder mehr Personen ausgetragen wird. Es genügt demnach, dass wenigstens eine der betroffenen Parteien es so erlebt.

Also: Wenn ich meine Auffassung praktizieren möchte gegenüber meinen Studenten oder meinen Klientinnen, und immer dann fährt mir jemand in die Parade und sagt: «So nicht. Das ist nicht richtig!», und ich erlebe dadurch eine Beeinträchtigung im wirklichen Realisieren meiner Auffassung, meines Gefühlslebens, meiner Absichten, dann ist ein sozialer Konflikt gegeben. Und dann spielt das ganze Geschehen, die ganze Dynamik, die zu vielfältigen Verstrickungen führt, wie ich zu Beginn gesagt habe.

Das kann zur Folge haben, dass es zum Verlust meines Selbstes, zur Dämpfung und Trübung meines Bewusstseins kommt und ich nicht mehr wirklich Herr beziehungsweise Frau in meinem eigenen Haus bin.

Drei Komponenten der Konfliktfähigkeit

Ich plädiere hier für eine Konfliktfähigkeit, die wenigstens aus drei Komponenten, aus drei Kompetenzfeldern besteht:

- Zum einen sind wir konfliktfähig, wenn wir uns in der *Wahrnehmungsfähigkeit* sozialer Symptome schulen, sodass wir typische Verhaltensweisen in Konflikten erkennen. Die Voraussetzung dafür ist, dass wir überhaupt hinschauen und nicht wegschauen, auch dann nicht, wenn es uns furchtbar peinlich ist oder wenn dabei Antipathie aufkommt. Es geht also um eine Schärfung der Wahrnehmungsfähigkeit nach außen wie auch nach innen. Das heißt: Was sehe ich, was höre ich, was rieche und schmecke ich …? Welches Verhalten fällt mir auf? Aber auch: Was geschieht alles in meinem Innern, wenn ich auf Unverständnis stoße? Wenn *mein* Wille nicht *dein* Wille ist? Wo sitzt dann der Ärger, der Groll, der bis zum Hass gehen kann? Was tue ich mir dabei eigentlich selber an? Welchen Phänomenen, welchen Kräften erlaube ich damit Zutritt in meine innersten seelischen Bezirke? Was mengt sich dann zwischen uns, wenn ich agiere und meine Partnerin mir mit Gleichem antwortet und ich wieder zurückgebe und so weiter?

  Es ist mir unangenehm, generalisierend sagen zu müssen, dass nach meinen Erfahrungen vieler Jahre in anthroposophischen Kreisen die Wahrnehmungsfähigkeit und der Respekt vor Phänomenen im Sozialen schlechter sind als in herkömmlichen Institutionen. Ich finde das sehr traurig und bedenklich. Dies müsste nicht so sein, denn gerade die goetheanistische Haltung und Beobachtungsschulung sollte eine gute Grundlage für soziale Wahrnehmungen sein. Oft wird aber über Alltägliches und Allzumenschliches im zwischenmenschlichen Geschehen mit großzügigen Gesten hinweggegangen. Das hat eine sehr nachteilige Wirkung auf die Menschen, die in der täglichen Begegnung die Folgen dieser Haltung zu spüren bekommen. (Dies ist genauer beschrieben in Ballreich/Glasl 2011, Glasl 2020, Hüther 2002.)

- Das zweite Kompetenzfeld ist die *Urteilsfähigkeit*. Dafür gelten die Fragen: Wie verstehe und deute ich das, was ich wahrnehme? Wie gut kenne ich die Dynamik, die Menschen in Konflikte treibt? Welche Muster sind an den vielen Phänomenen zu erkennen? Wie ist meine Haltung? Was habe ich mir durch tägliche Arbeit als Fähigkeit im sozialen Kontext erarbeitet? Ist meine Haltung konsolidiert oder ist sie etwas wackelig? Bin ich authentisch – nach meinen eigenen Ansprüchen? Wie verhalte ich mich, wenn ich bei einer Differenz mit einem Mitmenschen die Klingen kreuze, weil er anders denkt als ich? Mache ich mich selbst klein, oder verwandle ich die Gegenpartei in einen Unmenschen oder in ein Untier, damit dann der Einsatz meiner zerstörerischen Mittel gerechtfertigt ist?

  Es gilt also, weder die eigene Identität noch die der Gegenpartei zu zerstören, sondern objektiv zu sein und

die Selbstlenkung, die Selbststeuerung nicht zu verlieren, sondern sie im Gegenteil noch zu festigen.
Ich erlebe in vielen Institutionen oft Menschen, die als sehr kräftige, machtvolle, autoritäre Führungskräfte gelten und die hart im Geben sind. Sie sind jedoch unglaublich «weich» im Nehmen, vor allem wenn dies Kritik an ihrem Verhalten betrifft. Solche Menschen fühlen sich in ihrem Selbstwert schnell so sehr erschüttert und grundsätzlich in Frage gestellt, dass sie auf die leiseste Kritik mit übermäßiger Abweisung, ja sogar mit Gewalt reagieren. Sie verstehen unter Willensstärke beziehungsweise unter Entscheidungskraft, dass sie sich nicht durch alle möglichen Wahrnehmungen ablenken lassen, sondern ihrem Vorhaben durch und durch treu bleiben. Dies nach dem Motto: «Augen zu und mitten durch!» Das heißt, sie unterbinden geradezu ihre Wahrnehmungsfähigkeit, sie handeln außerhalb des Sozialen und spulen ein eingespieltes Handlungsprogramm wie ein Roboter ab. Hätten sie die Ohren und Augen und ihre übrigen zehn Sinne zusätzlich noch offen, dann würden sie das eine oder andere so nicht tun. Sie könnten trotzdem sich selbst treu sein – nur nicht so rücksichtslos, nicht so stur und nicht so gewalttätig! (Konkrete und detaillierte Darstellungen sind zu finden in Ballreich/Glasl 2008 und 2011, Glasl 2016a, 2020.)

- Als dritte Komponente ist *Handlungsfähigkeit* zu nennen. Es ist dies selbst wiederum dreierlei, denn ich unterscheide mit Steiners «Philosophie der Freiheit» *(1) moralische Intuition, (2) moralische Phantasie* und *(3) moralische Technik* (Steiner GA 4). Ich brauche moralische Intuitionen, um überhaupt geistesgegenwärtig handeln zu können. Weiter muss ich phantasievoll über ein bestimmtes Handlungsrepertoire verfügen und einschätzen können, was ich vielleicht mit bestimmten Methoden bewirke und welche unerwünschten Folgen dadurch zusätzlich auftreten könnten. Schließlich muss ich auch noch gelernt haben, diese Methoden praktisch anzuwenden. Es genügt nicht, voll guten Willens zu sein, dann aber relativ phantasielos und linkisch an soziale Situationen heranzugehen. (Dazu gibt es Beispiele und Hinweise in Glasl 2008.)

Nun weiß ich, dass es gewiss leichter ist, «Konfliktfähigkeit» zu fordern als zu praktizieren. Das weiß ich nur zu gut. Aber ohne eine Schulung unserer Wahrnehmungsfähigkeit und Urteilsfähigkeit kann ich auch keinerlei Handlungskompetenz erwerben.

Betrachten wir an dieser Stelle zwei Cartoons, die ich einer amerikanischen Tageszeitung des Jahres 1980 entnommen habe:

Die erste Karikatur erschien zur Zeit, als Khomeini das iranische Schah-Regime gestürzt hatte und die schiitische Revolution im Iran um sich griff. So wie der Geist aus der Flasche entwichen war, so nahmen die Ereignisse ihren Lauf, auch wenn sich die Erkenntnis einstellte, dass das eine oder andere zu weit gegangen war und dass das einmal Entfesselte schwer wieder in gute Bahnen zu lenken war. Der Geist sollte wieder in die Flasche zurück! Aber das geht bekanntlich nicht so einfach! Es kostet wirklich nicht viel Mühe, mit einiger Phantasie und der nötigen Technik irgendwelche Gegensätze, die destruktiv sind, zu entfesseln. Aber es ist schwer oder sogar unmöglich, die entfesselte Eigendynamik zu begrenzen und zu stabilisieren.

Der zweite Cartoon illustriert einen anderen Aspekt der Konfliktmechanismen, der mit der Haltung der Authentizität und Urteilsfähigkeit zu tun hat.

Sie erkennen sicherlich den ehemaligen US-Präsidenten Ronald Reagan. Er betrieb im Kalten Krieg die Auseinandersetzungen zwischen Ost und West. Sie sehen die vielen Drahtzieher, die sonst hinter den Kulissen tätig sind, die zu ihm sagen: «Und jetzt, Opa, sei ganz entspannt und natürlich!» Dieser Cartoon verdeutlicht, was ich vorhin über Selbstlenkung und Selbststeuerung ausgeführt habe. Im Konflikt wird Selbstlenkung zum Kernproblem: Wir geben die Fäden, die Schicksalsfäden mehr und mehr aus der Hand. Wir liefern uns mehr und mehr einander aus und machen uns gegenseitig zu Ausgelieferten.

Und um Missverständnissen vorzubeugen, muss ich betonen, dass ich nicht einer Verschwörungstheorie anhänge, nach welcher geheimen allmächtigen Gruppen die Verantwortung für alle Probleme in der Politik zugeschrieben wird. Sondern ich meine, dass die *Selbst*-Steuerung verloren geht, wenn mein Reden und Tun nicht vom *Ich*, vom *Selbst* gesteuert wird. Das geschieht schon jedes Mal, wenn ich mich zu einer unkontrollierten Affekthandlung provozieren lasse, nach dem Motto: «Geschieht meinem Gegner recht, dass ihm das jetzt so weh tut, warum hat er mich auch so gereizt?»

Der Psychiater Luc Ciompi (1999) hat die Muster der Affektlogik und ihre Wirkzusammenhänge gut erforscht und sehr differenziert beschrieben. Zusammen mit der Soziologin Elke Endert (Ciompi/Endert 2011) hat er auch beschrieben, wie die Affektlogik innerhalb eines Volkes Massenemotionen bewirken kann. Die Lektüre dieses Buches und das Anschauen der DVDs (R. Ballreich/L. Ciompi/F. Glasl/A. v. Schlippe 2016) sind für das Verstehen dieser Prozesse sehr hilfreich.

Die dämonisierte Zone

Wir sind also im Stress und im Konflikt in einem hohen Maße fremdgesteuert. Bei einem eskalierenden Konflikt nimmt diese Fremdsteuerung rapide und dramatisch zu. Der Schlüssel für die von mir gemeinte Konfliktfähigkeit liegt nun darin, immer wieder im täglichen sozialen Umgang an der Frage zu arbeiten, ob mein Ich, ob mein Selbst meine Handlungen lenkt, oder ob etwas Mächtigeres durch mich hindurch wirkt, das mich in einem Konflikt in die «dämonisierte Zone» führt. Im gegenseitigen Zutun in einem Konflikt gehen beide Parteien immer viel weiter, als sie ursprünglich wollten. Ich lasse mich provozieren und sage: «Jetzt kriegst du genau das zurück, was du dir von mir holen wolltest. Du kannst es haben, bitte! Ich selbst wäre gar nicht so gemein gewesen, aber du bettelst ja nahezu darum!»

Hinterher bin ich über meine Verhaltensweise und über die daraus sich ergebenden Wirkungen, die zunächst so gar nicht beabsichtigt waren, erstaunt – vielleicht sogar entsetzt.

Aber mein Tun hat eingeschlagen wie ein Blitz und das Schicksal nimmt seinen Lauf. Die Gegenpartei fühlt sich durch eine meiner unbeherrschten Äußerungen von mir persönlich gekränkt und in der Ehre grundsätzlich angeschlagen. Das erzeugt tiefen Groll. Und dieser Groll bewirkt nun eine Trübung des Bewusstseins und der Selbstwahrnehmung, was meinen Gegner wiederum zu Aussagen und Handlungen bewegt, die er vielleicht schon im nächsten Augenblick bedauert. Aber was gesagt ist, ist gesagt, und was getan ist, ist getan und nimmt seinen Lauf.

Beide merken wir, dass mehr geschehen ist als das, was gewollt war. Mein Verhalten hat Wirkungen ausgelöst, die nur zum Teil meiner bewussten Absicht entsprechen. Vielleicht ist mein Unterbewusstes, mein Unbewusstes, viel aggressiver, als ich mir eingestehe? Vielleicht drängt dieses Unbewusste an meiner Aufmerksamkeit vorbei nach außen und wird im Sozialen wirksam? Selbst wenn ich davon ausgehe, dass gar keine schädigende Absicht vorhanden war, ist die schädigende Wirkung zur Realität geworden. In dieser dämonisierten Zone wird immer vieles zerschlagen und kaputt gemacht – und keiner will es hinterher gewesen sein. Wer agiert denn eigentlich hier?

Diese Wirkungen, die wir uns beide gegenseitig antun, sind sozusagen «besitzlose Güter»: sie stammen von niemandem, aber andere leiden darunter. Mein Gegenüber unterscheidet aber nicht so schön, so feinfühlig, ob alles genau so gewollt wurde, wie es schließlich angekommen ist, sondern sagt: «Du hast einen Schneeball geworfen und daraus ist eine Lawine geworden und hat mein Haus vernichtet. Ich werde dich zur Verantwortung ziehen für die Zerstörung des Hauses! Sage nur nicht, du hättest es nicht gewollt, denn der Schaden geht auf deine ursächliche Handlung zurück.» Und ich sage: «Kommt nicht in Frage, ich war's nicht! Denn das war nie und nimmer meine Absicht. Das waren die Witterungsverhältnisse oder der Mondstand ...!»

Durch die mehr und mehr affektgetriebenen Aktionen und Reaktionen ergibt sich eine Gemengelage von verschiedenen Wirkungen:

- **Wirkung = Absicht**, d.h. die Wirkung war genau so beabsichtigt, wie sie eingetreten ist.
- **Wirkung < Absicht**, d.h. es ist weniger erreicht worden, als beabsichtigt war.
- **Wirkung > Absicht**, d.h. es treten viel mehr Wirkungen auf, als beabsichtigt war, die oft «Nebenwirkungen» genannt werden, aber u.U. weit mehr Schaden anrichten, als jemals beabsichtigt war.

Gemengelage der Wirkungen in der dämonisierten Zone

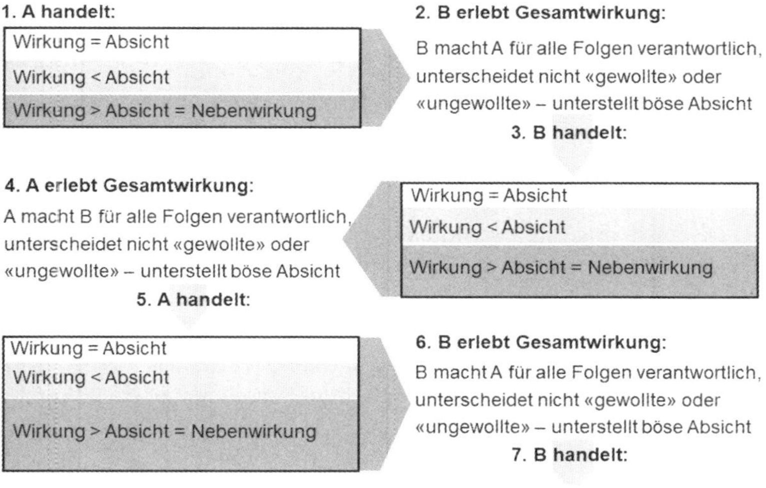

Die Person jedoch, die von der Wirkung betroffen ist, kennt die wahren Absichten der Gegenpartei nicht und unterscheidet nicht, was von dieser gewollt oder nicht gewollt worden sein könnte. Da sie sich von ihm ein Feindbild gemacht hat, ist sie sich sicher, dass die Gegenpartei noch viel Schlimmeres beabsichtige.

Die Dämonisierung wird von beiden Seiten genährt: Von der Täterin A, die jegliche Verantwortung für die Folgen ihres Tuns, die sie so nicht (bewusst) gewollt hat, von sich weist und ein Verantwortungsvakuum erzeugt, und vom Opfer B, das noch bösartigere Absichten der Täterin unterstellt und sich deshalb in seinem Vergeltungshandeln gerechtfertigt sieht. In meinem „Konfliktmanagement" (Glasl 2020, S. 52 ff.) ist dies noch genauer ausgeführt.

Es kommt zu dieser dämonisierten Zone, weil nicht alles, was sich zwischen Menschen abspielt, auf deren eigenes bewusstes Denken, Fühlen und Wollen zurückzuführen ist. Es gibt noch so viele ungepflügte Äcker und ungerodete Wälder in uns, so viele ungezähmte Tiere oder unerlöste Wesen, die solche Öffnungen des Ärgers und der übermäßigen Aktionen und Reaktionen brauchen, um in unsere Handlung hineinzuschlüpfen und uns mitzureißen. Wir sind dann zwar handlungsauslösend, aber bewusstseinsmäßig nicht wirklich «selbst» anwesend.

Das gilt bei einem Konflikt für beide (oder mehrere) Seiten: Die handelnden Personen sprechen und verhalten sich unkontrolliert und richten persönlichen oder sachlichen Schaden an – während die erleidenden Personen davon ausgehen, dass doch alles, was sie erleben, auf bewusster Absicht des Gegners beruht. In der Folge schreiben sie aufgrund ihrer bisherigen Erfahrungen einander immer mehr negative Absichten zu.

In solchen Situationen sagen sogar Menschen, die keineswegs abergläubisch sind: «Hier spukt es wahrhaftig!» Denn was immer sie tun, es wird alles nur noch schlimmer und es ist, wie wenn über allem ein Fluch läge. Mit dem Gefühl, dass es spukt, haben sie eigentlich Recht. Dafür hat Rudolf Steiner (GA 102) in Vorträgen über Elementarwesen, die wir als Menschen im Umgang miteinander schaffen, ganz wichtige Hinweise gegeben.

Er führt aus, wie wir bestimmte Elementarwesen, nämlich sogenannte «Phantome» schaffen, wenn wir nicht die ganze, ungeschminkte Wahrheit aussprechen, sondern bewusst lügen. Die so geschaffenen Phantome bewirken Abschnürungen im physischen Leib der Menschen und leben nun in dem seelischen Raum, der zwischen den Menschen besteht – im «Zwischen», wie dies Martin Buber (1962) verstanden hat. – Und wir schaffen im Zusammenleben noch andere Elementarwesen, sogenannte «Spektren», wenn unsere Einrichtungen, Strukturen und Verfahren das Wesen der menschlichen Natur missachten, beschneiden oder unterdrücken. Sie «durchspicken» den formbildenden Leib, Bildekräfteleib, den sogenannten Ätherleib der Menschen und die Ätherhülle einer Gemeinschaft bzw. Organisation, und es entsteht eine miese, destruktive Stimmung unter den Menschen. – Die dritte Art von Elementarwesen, die «Dämonen», entsteht, wenn ein Mensch dem anderen seine Gedanken oder seinen Willen aufzwingt – oder beides tut. Dämonen sind Einschlüsse in den Astralleibern der Menschen und sie durchsetzen so auch die Astralhülle einer Gemeinschaft, in der sich Misstrauen, Angst, Lähmung oder Widerwillen gegen die Gemeinschaft bemerkbar machen wie eine Epidemie. Durch Druck werden die Willensfreiheit und Selbstbestimmung eines Menschen geschändet, und Druck erzeugt Gegendruck!

Solche Wesen füllen den zwischenmenschlichen Raum und wirken sich störend und verzerrend auf die Kommunikation aus. Durch sie bilden sich Denk- und Verhaltensmuster, die sich von den verursachenden Menschen lösen können und zu kollektiven Mustern werden. Ich konnte zum Beispiel beobachten, dass in einer Schule die Gründerlehrer die Gewohnheitsmuster einer Gemeinschaft stark geprägt hatten – und wie diese Muster auch dann noch weiter bestanden, als die Gründerpersönlichkeiten bereits die Organisation verlassen hatten. Die ungute Stimmung lässt Menschen krank werden, es kommt gehäuft zu Burn-out-Syndromen usw. Und ich hatte mit einem therapeutischen Institut zu tun, in dem eine kleine Gruppe herrschte, die ihren Mitarbeiterinnen und Mitarbeitern oft nur die halbe Wahrheit oder Lügen erzählt hatte. In der Folge zeigte sich, dass auch ehrlich gemeinte Informationen ständig merkwürdig verdreht ankamen und missverstanden wurden; es war so, als ob irgendwelche Spukgestalten damit ihr Unwesen trieben und die Kommunikation immer wieder verdrehten.

Die dämonisierte Zone wird in diesem Sinne tatsächlich von störenden Wesen bevölkert. Um diese Elementarwesen zum Verschwinden zu bringen, ist es nötig, einerseits als Individuum die verursachenden Verhaltensweisen zu überwinden und andererseits auf der Ebene der Organisation mit heilenden Maßnahmen anzusetzen.

Wenn *Phantome* entstanden sind, sollte jeder individuell besonders auf korrekte und wahrhaftige Kommunikation achten, sowohl in aktuellen Gesprächen wie auch in der persönlichen abendlichen Tagesrückschau. Wir müssen uns den Fragen stellen: Wann habe ich aus Bequemlichkeit, wann aus Feigheit ein ehrliches, direktes Wort gescheut? Wann habe ich aus Höflichkeit etwas beschönigend dargestellt, um bei bestimmten Mitmenschen nicht meine Sympathien zu verscherzen? Wann habe ich den Mächtigen nach dem Mund geredet und das gesagt, was sie gerne hören wollten, und nicht das, was tatsächlich gegeben ist? – Für die Gemeinschaft heißt dies, dass sie ihre Kommunikationsgepflogenheiten sehr kritisch überprüfen sollte, ob wahrheitsgemäß und eindeutig, vollständig und relevant, aktuell und unverfälscht informiert wird. Wenn dies gewissenhaft geschieht und die Formen der Kommunikation immer wieder regelmäßig überprüft werden, kann sich ein Wandel der Kultur vollziehen. Und es ist darauf zu achten, ob es nicht gehäuft Situationen gegeben hat, in denen Mitteilungen ungewollt und unbewusst verdreht oder fehlgedeutet wurden und dadurch Ketten von Missverständnissen ausgelöst worden sind.

Um *Spektren* wieder aufzulösen, empfiehlt es sich, die individuellen und kollektiven Stimmungen in der Gemeinschaft genau zu erfassen und ernst zu nehmen. Darin tauchen bestimmte Themen immer wieder auf, wie beispielsweise: «Wir fühlen uns nicht geschätzt!» «Wir werden nicht ernst genommen!» «Der einzelne Mensch zählt hier nicht …» und dergleichen. Es ist sehr aufschlussreich, auf Gerüchte zu achten: Worauf beziehen sich diese? Was drückt sich darin als Empfinden der Menschen aus? Wie wird über Menschen in Führungspositionen hinter vorgehaltener Hand gesprochen? Welche Motive werden diesen Menschen unterstellt? – Diese Empfindungen sind ein Signal für organisatorische Formen, durch die das Denken, Fühlen und Wollen der Mitarbeiterinnen und Mitarbeiter als eminent menschliche Qualitäten nicht respektiert werden. Um dem Abhilfe zu verschaffen, wird es nötig sein, die Struktur einer Gemeinschaft und die Inhalte der einflussreichsten Funktionen und Organe kritisch zu hinterfragen: Wie sind Aufgaben, Befugnisse und Verantwortung unter den Menschen verteilt? Stehen sie in einem ausgewogenen Verhältnis zueinander? Überfordern oder unterfordern sie die Menschen? Wird auf das Klima in der Organisation geachtet? Werden daraus auch Konsequenzen gezogen und passende Formen gesucht?

Dämonen aufzulösen erfordert von allen Beteiligten die Bereitschaft, die eigene Gesinnung und die Wirkung des eigenen Verhaltens auf andere ehrlich zu überprüfen. Es geschieht vieles, das wir anderen Menschen antun, nur halbbewusst oder unbewusst – und es kann die Mitmenschen in ihrer Freiheit sehr einschränken. Als Individuen sollten wir uns selbstkritisch fragen, wie wir es mit der Verantwortung halten: Nehmen wir die Verantwortung auf uns, wenn etwas, das wir getan haben, nicht nach Wunsch gelaufen ist? Oder entziehen wir uns der Verantwortung unter Hinweis darauf, dass wir etwas so nicht gewollt haben und mit bester Gesinnung gehandelt haben? – In Gemeinschaften sollten Führungspersonen evaluieren, wie Entscheidungsprozesse gestaltet sind und wie sie diese im Eigeninteresse gebraucht oder sogar missbraucht haben. Aber es müssen sich auch die anderen Mitarbeiterinnen und Mitarbeiter, die keine Führungsverantwortung tragen, die Frage stellen, wie sehr sie durch eigene Gedanken aktiv zur Urteils- und Entscheidungsbildung beigetragen haben – oder aber, wie sehr sie durch passives Verhalten ermöglicht haben, dass einseitige Entscheidungen gefasst werden konnten. Wenn auf diese und ähnliche Art auf individueller und auf Gemeinschafts-Ebene Formen von Einfluss und Macht überdacht werden, können die Dämonen aufgelöst und überwunden werden, wenn auch entsprechend gehandelt wird.

Bei all den genannten Möglichkeiten sind die vielfach erprobten Methoden der Organisationsentwicklung hilfreich, die zum Ziel haben, die Mitglieder einer Gemeinschaft bzw. Organisation zu befähigen, ihre eigenen Gemeinschaftsformen verantwortungsvoll selber zu gestalten (siehe Glasl/Kalcher/Piber 2020).

Einfluss und Macht können nur im Rahmen bestimmter Beziehungen ausgeübt werden, wenn das Verhalten der Beteiligten zueinander komplementär ist: Wenn eine Person Befehle erteilt, braucht es komplementär dazu andere, die gehorchen und sie ausführen; wenn eine Person jemanden besticht, braucht es komplementär dazu eine andere, die sich bestechen lässt, usw. (siehe Glasl 2012 d in «Gruppendynamik»). Genau diese Erkenntnis war seinerzeit Gandhis Grundlage für seine Gehorsamsverweigerung, mit der Indien die koloniale Herrschaft Großbritanniens beenden konnte.

Arbeit an der Wahrnehmungsfähigkeit

Dass unser Selbst nicht im Wahrnehmen und Denken, Fühlen, Wollen und Handeln zur Gänze und in voller Kraft anwesend ist, führt zu «Lücken». Das ist typisch für soziale Konflikte. In unserer *Wahrnehmung* entstehen blinde Flecken und Lücken. Die Aufmerksamkeit richtet sich selektiv darauf, eine Bestätigung für unsere Ängste zu finden, dass etwas Böses mit uns geschehen könnte. Dadurch merken wir nicht, wenn uns die andere Seite immer wieder auch etwas Positives gesagt oder getan hat. Um diesen Wahrnehmungsmechanismus zu durchbrechen, bedarf es der schon erwähnten Wahrnehmungsschulung.

Durch die selektive Aufmerksamkeit sehe ich auf die Dauer nur noch das, was meinen Vorstellungen und meinen bisherigen Erfahrungen entspricht. Ich lerne gar nicht mehr aus anderen Verhaltensweisen, denn ich nehme sie einfach nicht wahr: weil eben Lücken entstanden sind.

Wo ein Loch ist, kann auch ein Vakuum entstehen, in das etwas hineingesaugt werden kann. Es gibt das bekannte Phänomen, dass bei zunehmender Spannung unser Gesichtsfeld eingeschränkt wird und unsere Wahrnehmungsbreite abnimmt, sodass wir komplizierte und differenzierte Wirklichkeiten nicht wahrnehmen. Wir können den Raum nicht mehr gut überblicken: Unter «Raum» verstehe ich hier eine Vielzahl von Aspekten und Faktoren, die wir als zusammenhängend erkennen sollten – was aber im Konflikt immer mehr zu einer Überforderung führt. Wir engen ein, schauen nur noch dort hin, wo wir das Problem und seine Ursache vermuten. Wir bekommen den sogenannten *«Röhrenblick»*. Damit tun wir aber einer Person, die uns eine Reihe von Argumenten entgegenhält, unrecht, wenn wir die Vielzahl ihrer Argumente und Begründungen überhören und nur einen Punkt daraus aufgreifen, den wir anschließend bekämpfen.

Das andere ist eine dramatische Verkürzung und Einengung der *Zeitperspektive*. Wir sind – wenn der Unmut über unseren Gegner immer größer wird – nicht mehr fähig, mittel- und längerfristige Überlegungen anzustellen über das, was in zwei oder in fünf Jahren sein wird. Dann tritt das auf, was *«kognitive Kurzsichtigkeit»* genannt wird. Das heißt, wir schauen nur bis zum nächsten Monat oder gar nur bis zur nächsten Woche; und wenn wir das überleben, erscheint uns das Problem gelöst. Nach dem Motto: «Nach mir die Sintflut!»

Die Bewusstseinsverkürzungen des «Röhrenblicks» und der «kognitiven Kurzsichtigkeit» bewirken, dass viele Folgen meines Tuns nicht kurzfristig, sondern erst langfristig erlebbar werden und durch die einengende Raumperspektive nicht hier, sondern im Nebenzimmer in Erscheinung treten. Dadurch kann die dämonisierte Zone wachsen. Da wird mein Selbst zurückgedrängt, da entstehen Lücken und es bildet sich ein Vakuum mit Sogwirkung für Kräfte, die nicht von meinem Ich durchdrungen sind.

Eine Kulmination dieser Trübung und Verzerrung in der Wahrnehmungsfähigkeit ist es, wenn wir uns selbst in einem Konflikt sehen sollten. Ich stelle mich vor den Spiegel der Selbstwahrnehmung. Und je länger ich in den Spiegel schaue, desto mehr erstrahle ich im goldenen Licht: Ich bin ja gut, ich bin intelligent und hoch entwickelt; bin ordentlich, fleißig, leistungsorientiert und tugendhaft (und könnte die Liste noch beliebig fortsetzen …). Aber wenn ich auf den Gegner, den Feind schaue, fällt mir auf, dass bei ihm interessanterweise genau die entgegengesetzten Eigenschaften auftauchen: Er ist schlecht, er ist dumm und unentwickelt; er ist schlampig, faul und lasterhaft (und ich könnte diese Liste noch beliebig fortsetzen …). Hier stellt sich sofort die Frage, ob das mit rechten Dingen zugehen kann. Denn wo die eigenen guten Eigenschaften so verdächtig genau das Gegenteil der Eigenschaften des Gegners sind, da ist Vorsicht geboten. Dabei werden vermutlich «Projektionen» eine wichtige Rolle spielen.

Der seelische Vorgang der «Projektion» ist eine Umkehrung: Was eigentlich in mir ist, das übertrage ich auf das Gegenüber. Damit zum Beispiel meine Intelligenz besser gesehen werden kann, muss ich den anderen etwas dümmer hinstellen. Weil ich klug sein will, muss der andere dümmer hingestellt werden. Weil ich mich als ordentlich sehe, muss der andere schlampiger sein und so weiter. So wirkt «komplementäre Projektion». Das ist ein sehr tragisches Geschehen, vor dem niemand gefeit ist – und diese Gut-Schlecht-Polarisation beziehungsweise Licht-Schatten-Polarisation wird natürlich zum Problem in den Beziehungen (siehe für viele Einzelheiten Hüther 2006, Omer/Alon/von Schlippe 2006).

Wenn ich sagte, dass wir für die Konfliktfähigkeit *Wahrnehmungskompetenz* brauchen, dann heißt das, wir müssen auch auf uns selbst schauen können, ohne uns in der Eigenliebe einem illusorischen Bild hinzugeben. Wir müssen uns selbstkritisch fragen: «Wo und wie gerate ich in Projektionsvorgänge hinein?»

Die Bilder, die ich mir aufgrund von Sympathie und

Antipathie von einem anderen mache, bleiben im Konflikt nicht bloß flüchtige Eindrücke, sondern sie erhärten sich bei jeder Begegnung. Sie werden fixiert und in meine Seele tief eingraviert.

Von Rudolf Steiner (Vortrag 6.12.1918, GA 186) gibt es einen sehr deutlichen, dramatischen Ausspruch dazu: «Es gibt kein wahres, kein richtiges Urteil, wenn es nach Sympathien und Antipathien gefällt ist. Und deshalb, weil immer das Unbewusste im Fühlen nach Sympathie und Antipathie geht, entwirft es immer ein gefälschtes Bild des Nebenmenschen ...» Deshalb, so fährt Steiner fort, «... ist das Gefühlsleben antisozial, weil der Mensch dadurch, dass er nach Sympathie und Antipathie seinen Verkehr zu Menschen einrichtet, von vornherein der Gesellschaft falsche Gefühlsströmungen einimpft».

Wenn wir uns voneinander Sympathie- und Antipathiegesteuerte Bilder machen und diese in uns festlegen, bedeutet dies, dass wir einander geistig-seelisch abtöten und in den Sarg unserer fixierenden Vorstellung einschließen. Denn wenn ich ein Bild – das ja nur die Momentaufnahme einer Begegnung ist – fixiere, gestehe ich dem betreffenden Menschen keine Veränderung, keinerlei Lernen, ja überhaupt keine Entwicklung und kein Leben mehr zu. Ich lege ihn eigentlich bei lebendigem Leibe in einen Steinsarg und lasse ihn darin. Erst wenn ich den Menschen wieder in seiner Dreiheit sehe, das heißt sein höheres Selbst, das sein Alltags-Ich in der Spannung zu Luzifer und Ahriman schaut, quillt uns das Bild des vollen Menschen entgegen, das uns zu sozialen Taten befähigt (R. Steiner, Vortrag 7.12.1918, GA 186). In meinem Buch «Selbsthilfe in Konflikten» (Glasl 2015) habe ich das in Einzelheiten ausgeführt und dazu Methoden und Übungen geboten, mit deren Hilfe diese Mechanismen überwunden werden können. Ich gehe später im Kapitel zum «Kognitiven Wendepunkt» (Seite 71 ff.) noch tiefer auf diese Fragen ein.

Arbeit am Gefühlsleben

Auch zur Arbeit am *Gefühlsleben* möchte ich einige Hinweise geben. In Wirklichkeit kommt es darauf an, sich gegen die ent-ichenden Mechanismen zu behaupten und zu sich selbst zu kommen, das heißt, an seiner Authentizität und Stabilität zu arbeiten.

Bei einem Konflikt treten nun zwei paradoxe Dinge gleichzeitig auf. (1) Das eine ist eine zunehmende Empfindlichkeit, die sich zur *Überempfindlichkeit*, ja Verletzlichkeit steigert, die einen hoch sensibel macht für alle in einer Kommunikation möglichen *Untertöne* und *Zwischentöne.* (2) Das andere ist das Streben danach, unbedingt Haltung zu bewahren, sich nicht aus der Fassung bringen zu lassen, sich richtiggehend zu panzern und *unempfindlich* zu machen. Was dennoch durch die kleinste Ritze der Panzerung eindringt, wirkt umso entzündlicher, umso schmerzhafter.

In unserer Kindheit und im weiteren Laufe unseres Lebens haben wir auf vielerlei Arten gelernt, uns vor überwältigenden Gefühlen zu schützen, indem wir den Ansturm der ungeliebten Emotionen abwehren. Das mag damals in vielen Situationen durchaus hilfreich und sinnvoll gewesen sein, aber daraus können verschiedene Formen von sogenannten «Schutz- und Abwehrmechanismen» entstanden sein, die zu unserer zweiten Natur geworden sind. Sie bestimmen auch dann unser Verhalten, wenn dies für uns selbst oder die Gemeinschaft schädlich ist. Der Psychotherapeut Karl König (2007) hat viele dieser Mechanismen beschrieben, von denen ich hier nur die häufigsten kurz erwähnen kann:

- *Verdrängen* unliebsamer Gefühle, die dann im Unterbewussten rumoren,
- *Verleugnen* von Gefühlen, die wir an uns ablehnen, deren wir uns jedoch durchaus bewusst sind,
- *Verschieben* negativer Empfindungen, indem wir sie anderen zuschreiben oder in die Schuhe schieben, auf sie projizieren usw.,
- *Isolieren* der Gefühle von unserem Denken,
- Gefühle *aus dem Zusammenhang reißen* und umdeuten,
- *Rationalisieren* der Emotionen, indem ihnen ein rational und logisch erscheinendes Motiv unterlegt wird,
- usw.

Um konfliktfähig zu werden, müssen wir noch eine weitere Tatsache berücksichtigen. Es ist bei zunehmendem Stress schwer auszuhalten, dass «zwei Seelen, ach, in meiner Brust» wohnen und dass zu einer Person oder einem Gegenstand widerstreitende Gefühle existieren. In einem eskalierenden Konflikt gibt es die Tendenz, Sympathie und Antipathie streng zu trennen. Eine Mischung scheint verwirrend und gerade in einer Konfliktsituation schwer auszuhalten zu sein. Trennen heißt nun: Die positiven Gefühle gelten ausschließlich mir und den Meinen, die negativen Gefühle gelten exklusive dir und den Deinen!

Doch die Polyvalenz oder Ambivalenz im Gefühlsbereich – das heißt ein und derselben Person oder Sache sowohl positive wie negative Gefühle entgegenzubringen – macht gerade den Reichtum des Gefühlslebens aus, obwohl genau das als schwer oder lästig erlebt wird. Der Konflikt trägt eben in sich die fatale Tendenz, *Poly*valenz oder Ambivalenz zur *Mono*valenz verkommen zu lassen. Man scheint in Richtung eines Meinungsmonopols gehen zu wollen, wie die Aussage eines Lehrers illustriert: «Wenn alle Vortragenden Didaktik und Pädagogik so definieren würden wie ich, dann wäre es doch ganz einfach, zusammenzuarbeiten. Aber leider hat der Kollege ein falsches Verständnis von Pädagogik und Didaktik!»

Das stets geforderte und eigentlich dem Menschen gemäße freie Geistesleben, der Pluralismus der Auffassungen und der Streit der Ideen und so weiter schlagen um in eine Monopolhaltung in Denk- und in Gefühlsbereichen. Tatsächlich geht es im Sozialen und im Leben allgemein um Polaritäten, die erst den Reichtum des sozialen Lebens ausmachen. Im Konflikt jedoch wird das andere Sein, das andere Wollen, die andere Auffassung, die andere Erfahrung, der andere Arbeitsstil meiner Kolleginnen, meines Kollegen zur Schwierigkeit. Kann ich das aushalten?

In der Freundschaft werden Polaritäten als bereichernd und anregend empfunden und geschätzt. Wenn aber gefühls- und beziehungsmäßige Schwierigkeiten auftreten, können diese Polaritäten kaum mehr zusammengehalten werden. Alles droht sich in Dualitäten aufzuspalten. Jetzt wird das vorher Geschätzte bekämpft und zerstört. Die Meinungsvielfalt muss einem Meinungsmonopol weichen.

Das ist ein Grundproblem für das Phänomen, das von Steiner schon vor mehr als neunzig Jahren beschrieben worden ist (Vortrag vom 11. Juni 1922, GA 83): «Und so sieht man, dass … das Geistesleben die Neigung hat, zu Niedergangskräften zu führen, die aus den Standesunterschieden, den Klassen- und Kastenunterschieden hervorgehen …» Viele Institutionen, die starr aus einer ideellen Orientierung heraus arbeiten, die Dienste leisten am Menschen (zum Beispiel in der Medizin, der Kunst, der Pädagogik und so weiter), haben einen anachronistischen Hang zu theokratischen Sozialmodellen.

Besonders fatal wird diese theokratische Neigung, wenn die innere Gruppe der «Eingeweihten» auf verdeckte Weise die Geschicke einer Organisation bestimmt, obwohl gleichzeitig aber das Bestehen einer theokratischen Tendenz geleugnet wird.

Die Wirklichkeit zeigt leider oft Unterschiede an Einfluss, an Wertschätzung und so weiter, die durch Tabuisierung nicht wahrnehmbar sind und gerade dadurch das Durchleiden dieser Anachronismen viel tiefer macht. Das heißt mit anderen Worten: Es besteht auf gedanklicher Ebene Übereinstimmung darüber, dass eine moderne Gemeinschaft nicht theokratisch-hierarchisch geführt werden sollte. Das widerspräche dem Geist der Anthroposophie. Aber es gibt in Wirklichkeit oft eine starke Hierarchie von «Wissenden vs. Unwissenden», von «Einflussreichen vs. Einflussarmen». Weil aber nicht sein kann, was nicht sein darf, wird so getan, als bestünde doch in allen Dingen Gleichheit. Jeder Hinweis auf tatsächlich bestehende Machtunterschiede wird heftig abgewehrt und bekämpft. Sodass es zuletzt niemand mehr wagt, auf die Machtunterschiede hinzuweisen. Jetzt können sie desto stärker wirken, denn sie dürfen bei Strafe nicht mehr angesprochen werden.

Als Letztes zum Bereich der Gefühlswelt möchte ich noch auf das Symbol der Lemniskate (das Zeichen der liegenden

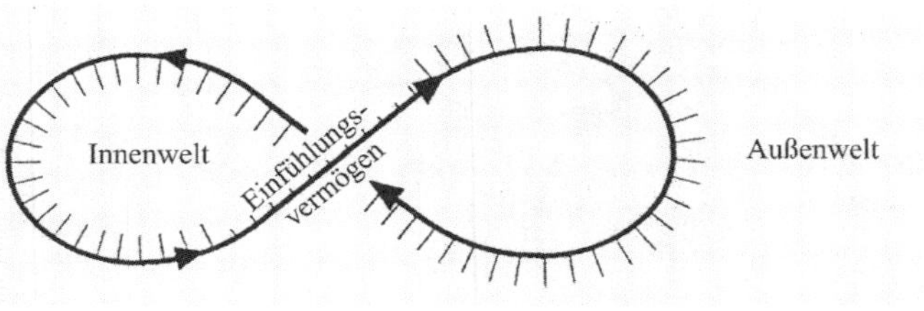

Acht, das Zeichen für Unendlichkeit) zu sprechen kommen. Sie kann verstanden werden als Versinnbildlichung meines Gefühls, das die Innenwelt ausschreitet.

Die Lemniskate zeigt eine Pendelbewegung zunächst nach außen durch die Wahrnehmungsorgane, durch welche mir Stimmungen und Gefühlslagen zugetragen werden, die ich darauf in meinem Innern empfinden, ordnen und deuten kann, um von hier aus mein Handeln zu lenken. Und ich kann meine eigene innere Befindlichkeit wahrnehmen. Doch das geschieht nur, wenn ich entspannt bin und wenn ich – seelisch gemeint – ein- und ausatmen kann. Sobald aber die Spannung zunimmt, schwingt die Lemniskate nicht mehr in dieser pulsierenden Innen-Außen-Bewegung, sondern die Emotionen in meiner Innenwelt schließen sich zu einem Kreis. Es entsteht eine Abkapselung, eine Mauer gegenüber der Außenwelt und das nenne ich «quasi sozialen Autismus».

Und jetzt kommt das Fatale: Ich bilde mir ein, dass das, was mir mein Gefühl sagt, die eigentliche Wahrnehmung der Geschehnisse draußen sei. Aber ich bin in mir, in meiner Empfindsamkeit, Gefühlswelt, Emotionalität gefangen. Ich erliege einer Illusion, einer Täuschung. Es ist – wie der Vater der Gestalttherapie, Fritz Perls, einmal sagte (wobei ich dafür leider keine Quelle angeben kann) –, als

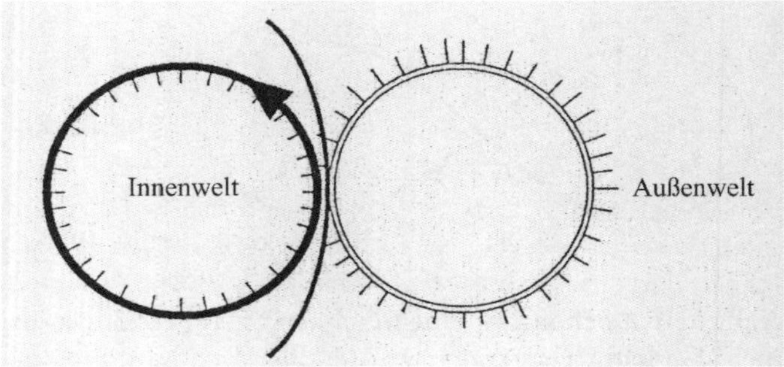

säße man in einem Zimmer und blicke durch die Fenster nach draußen, ohne zu merken, dass die Fenster anstelle von *Glas*scheiben bloß *Spiegel*scheiben haben. Wenn man also am Morgen mit einer nicht gerade sonnigen Stimmung zum Fenster schaut, bekommt man durch die Spiegelung den Eindruck, dass schlechtes Wetter sei. Wegen dieses schlechten Wetters ist einem mies zumute. Bei einem erneuten Blick zum Spiegelfenster erscheint das Wetter noch schlechter. In Wahrheit nehme ich im Spiegel nicht die Wetterstimmung der Außenwelt wahr, sondern die eigene Stimmungslage, die sich durch den Blick in den Spiegel verschlechtert hat und nur meine eigene Befindlichkeit zeigt, die ich aber für eine Außenwahrnehmung halte. Die ständige Spiegelung bewirkt die Illusion der Wahrnehmung von Regen und Wind und beeinflusst die Stimmung entsprechend.

Wir kennen ein ähnliches Phänomen der Selbstverstärkung, wie sie oft im fröhlichen Freundeskreis vorkommt. Bei einem Klassentreffen zwanzig Jahre nach der Matura bzw. dem Abitur zum Beispiel kann man das erleben. Schon die Frage: «Weißt du noch, wie Professor Sowieso damals dieses und jenes getan hat?», löst ein Kichern aus, das sich durch das Hinzufügen von Stichwörtern oder Namen zu Lachsalven steigert. Es entsteht so eine wohlige Gruppen-Innenwelt, die sich mehr und mehr verstärkt. Auch dies ist ein in sich geschlossener Kreis der Selbstverstärkung. Eine derartige Abkapselung, Abschnürung und Abspaltung, die sich selbst verstärkt, geschieht schneller, als man annimmt. Dies gilt ganz besonders in Konfliktsituationen, weil dann die Urteilsfähigkeit untergraben ist.

Hinzu kommt in Konflikten eine fatale Koppelung der Zielvorstellungen mit den Vorstellungen, die ich mir von den dafür geeigneten Mitteln mache. Schauen wir kurz auf den Konflikt zwischen einem Stadtrat und einem Amtsleiter. Er bekam auf eine sehr unfeine Art in einer Pressekonferenz zu hören, dass er untragbar sei wegen seiner Art, zu führen und zu organisieren. Sein Ruf wurde in dieser Pressekonferenz öffentlich zerstört. Daraufhin war sein Ziel: Er musste rehabilitiert werden, und als Mittel dazu konnte er sich nichts anderes als eine Pressekonferenz vorstellen. Von seinem Ziel (Rehabilitierung) und seinen Mittelvorstellungen über die Art der Rehabilitation (Pressekonferenz) wich er keinen Millimeter ab und schadete sich durch diese Fixierung im Willensbereich selber.

Durch all das werden im Menschen Schichten aufgewühlt, zu denen das Bewusstsein nur schwer Zutritt bekommt, was sowieso mit dem Willen grundsätzlich der Fall ist. Jetzt werden unter Umständen Dinge ausgesprochen, die nichts mit meinem Erwachsenenzustand als Sechzigjähriger zu tun haben. Man benimmt sich, wenn es gut geht, wie ein Vierzigjähriger, sinkt bei der weiteren Eskalation hinunter zum Vierzehnjährigen, rutscht bei anhaltender Eskalation hinunter in das Kindergartenalter des Vierjährigen oder sogar auf eine untermenschliche, animalische Ebene. Sich nun selbst solche Rückfälle (das heißt «Regressionen») eingestehen zu können, das hat mit Konfliktfähigkeit zu tun.

Eine ausführliche Darstellung der Eskalationsdynamik würde den Rahmen dieser Schrift sprengen. Deshalb beschränke ich mich an dieser Stelle auf einige Hinweise für die Leserinnen und Leser, die sich in diese Thematik weiter vertiefen wollen. In meinem Lehrbuch «Konfliktmanagement» (2020) habe ich diesen Prozess der Eskalation als einen Weg in die «Unterwelt» unbewusster Triebe beschrieben, die im Einzelnen, in Gruppen, Gemeinschaften und Völkern das Verhalten bestimmen können. In einem Artikel (Glasl 2014a) zeige ich auf, wie die Affektlogik uns von Stufe zu Stufe die passenden Erklärungen liefert, die unser Verhalten rechtfertigen sollen und nichts anderes sind als die nachträglichen Rationalisierungen unserer Emotionen. Wie ein Konflikt in einer Paarbeziehung und einer Familie eskalieren kann, zeige ich in dem Band «Wie Familienmediation gelingen kann» (Leibetseder/Engelbrecht/Glasl/Bacher 2007) an praktischen Beispielen. Und in meinem Buch «Selbsthilfe in Konflikten» (2015) führe ich aus, wie die Dynamik der Eskalation Kräfte der «Unternatur» heraufbeschwört, wie dies Rudolf Steiner in einem Brief an die Mitglieder gegen Ende seines Lebens dargestellt hat (24. Februar 1924, GA 260a). Es ist mir an dieser Stelle wichtig, darauf hinzuweisen, dass diese Kräfte und Mächte in unserer Seele und in den zwischenmenschlichen Beziehungen nicht wirken könnten, wenn wir ihnen nicht durch die Minderung unserer Bewusstheit und unserer Ich-Lenkung dazu die seelischen Pforten geöffnet hätten.

Möglichkeiten der Konfliktbewältigung

Ich werde jetzt Möglichkeiten zur Anwendung dieser Erkenntnisse aufzeigen. Sie hängen zusammen mit diesem Bild, auf das ich am Anfang hingewiesen habe, mit den verschiedenen seelischen Bereichen:

- Wahrnehmungen («Perzeptionen»)
- Vorstellungswelt und Gedankenwelt
- Gefühlsbereich
- Willensbereich,

die sich wechselseitig beeinflussen und zirkulär verstärken und in Worten und Taten äußern.

Ich will eine Illustration geben, wie Arbeit am Konflikt Mut erfordert. Ich meine wirklich Mut, weil die Arbeit am Konflikt heißt: Ich muss mit manchen dunklen Seiten der eigenen Persönlichkeit Bekanntschaft machen, die ich lieber nie getroffen hätte!

Was kann man nun aus geisteswissenschaftlicher Haltung heraus in der Konfliktarbeit versuchen?

Zuerst möchte ich eine Möglichkeit aufzeigen, wie mit einer der Methoden der moralischen Technik an einen Konflikt herangegangen werden kann. Es geht um die Klärung einer besonders verletzenden Episode zwischen Anna und Bruno mit Hilfe der «Mikro-Analyse kritischer

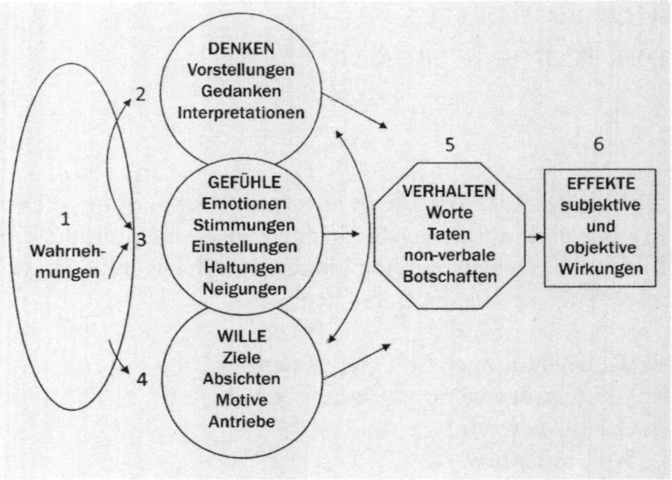

Episoden» (Glasl 2008, Seite 77ff., Glasl 2012b, Glasl 2013, 2020), die ich für diesen Zweck entwickelt habe.

Der erste Schritt beginnt bei einer Person, die in einem bestimmten Vorfall konkrete, unangenehme, unkontrollierte Verhaltensweisen ihres Kollegen Bruno (des «Täters») erlitten hat und sich als «Opfer» fühlt. In diesem fiktiven Fall wäre es an Anna, in Ich-Form und in Einzelheiten zu beschreiben, wie die ganze Episode auf sie als Opfer gewirkt hat und wie sie sich dabei konkret gefühlt hat (siehe dazu ganz ausführlich Glasl 2013).

Die Arbeitsschritte sind nun folgendermaßen:

1. *Anna und Bruno listen* (mit Hilfe meiner Methode «Konflikt-Partitur», in Glasl 2012a) *aus ihrer Sicht die*

dramatischen Ereignisse auf und einigen sich darauf, drei bis vier Episoden miteinander genau klären zu wollen, weil es dort zu besonders unangenehmen Auseinandersetzungen gekommen ist. Danach rekonstruieren sie in ganz groben Zügen, um was es *ihrer subjektiven Erinnerung nach* in der Episode 1 gegangen ist: Wer war noch anwesend und in irgendeiner Weise beteiligt? Um welche Streitfragen ging es im Großen und Ganzen? Was waren die entscheidenden Momente dieser Episode? Wie ist die Sache damals beendet worden?

2. Anna *beschreibt* als Erste ganz *konkret,* wie sie die *Wirkungen* der unglücklichen Auseinandersetzung subjektiv erlebt hat: «Ich war wütend und fühlte mich wie ein kleines Kind. In mir war alles Chaos und ich konnte keinen einzigen geordneten Gedanken mehr fassen …» Das ist besonders wichtig: Anna drückt nur in sogenannten *«Ich-Botschaften»* aus, welche *Wirkungen* die Auseinandersetzung in ihrem Inneren körperlich und seelisch ausgelöst hat, und sagt zunächst noch gar nichts über Bruno. – Bruno wiederholt nach wenigen Sätzen immer wieder sinngemäß, vielleicht sogar wörtlich, was er gerade von Anna gehört hat, und enthält sich jeden Kommentars oder einer Entgegnung. Anna bestätigt die richtige Wiedergabe des Gesagten bzw. ergänzt, was Bruno nicht wiedergegeben hat.
3. Anna *beschreibt* nun auch das für sie störende *Verhalten Brunos,* so wie sie sich daran erinnert, wie sie es wahrgenommen hat, was ihr davon an Eindrücken geblieben ist. Darum beginnt sie jeden Satz mit solchen Einleitungsformeln: «*Ich erinnere mich,* dass du aufgesprungen bist und mich angestarrt hast. *Dann meine ich,* dass du das Folgende gesagt hast … *Und ich glaube, ich hatte*

gesehen, wie du dabei mit der rechten Hand …» Durch diese Einleitungsformeln (… Ich erinnere …, ich meine …, ich glaube …) unterstreicht sie, dass sie dies subjektiv so wahrgenommen hat, aber dass es möglicherweise in ihrer Wahrnehmung auch verzerrt worden ist. – Auch diese Aussagen Annas gibt Bruno sinngemäß und ohne weiteren Kommentar wieder.

4. Bruno beschreibt danach, an welche seiner eigenen *Verhaltensweisen*, die Anna bereits angesprochen hat, *er sich jetzt erinnert.* Auch diesmal gibt er noch keine Erklärungen zum Warum und Weshalb seines Verhaltens, sondern beschreibt nur seine Selbstwahrnehmung: seine Worte, Gesten und Gebärden, seinen stimmlichen Ausdruck, Gesichtsausdruck und Körperhaltung. Jedes Mal wiederholt Anna, was sie von Bruno gehört hat, und Bruno bestätigt, ob dies richtig angekommen ist.
5. Jetzt stellt Bruno dar, was er vor oder während seines Tuns damals *wahrgenommen, gedacht und gefühlt* hat. – Anna gibt dies in eigenen Worten wieder und Bruno quittiert die Richtigkeit ihrer Wiedergabe oder ergänzt nötigenfalls.
6. Nun beschreibt Bruno, an welche *Impulse und Absichten* seines Handelns er sich erinnert: Was wollte er damit erreichen, und welche Wirkungen sind aufgetreten, die er so nicht beabsichtigt hat? Anna wiederholt und kann dazu noch weitere Details erfragen. Viele Punkte werden dadurch aufgehellt, einige geklärt, und manche bleiben nach wie vor problematisch.

In dieser kleinen Sequenz werden die Geschehnisse einiger weniger Minuten reproduziert und unter dem Mikroskop genau seziert. Die Zeit wird stark verzögert und Details bekommen großes Gewicht. Die Wiederholungsregel fördert genaues Zuhören und beschränkt mögliche Rechtfertigungen oder Angriffe auf ein Minimum. Mit dem Erhellen der Vorgänge kommt es immer wieder zu ganz spontanen Akten des Verzeihens. Wenn eine Person mit ihrem Außenleben und Innenleben konfrontiert wird, entwickelt sie die moralische Kraft, die Verantwortung für die beabsichtigten und unbeabsichtigten Folgen ihres Handelns zu übernehmen und dafür Ausgleich schaffen zu wollen.

Nach dieser Sequenz können anhand einer anderen Episode die Rollen als «Täter» und «Opfer» umgedreht werden, und es beginnt ein ähnlicher Zyklus, wobei Bruno beschreibt, wie er die Wirkung dieser Episode erlebt hat (wie vorhin Schritt 2 mit Anna), an welches Verhalten Annas er sich dabei erinnert (wie vorhin Schritt 3 mit Anna); Anna beschreibt danach ihr Verhalten aus ihrer Sicht (Schritt 4) und so weiter. Am Ende hat sich für beide gezeigt, wo Absicht, Verhalten und Wirkung *auseinanderklaffen* und warum dies so sein kann. Dabei werden die Diskrepanzen zwischen Wirkung und Absicht deutlich, wie sie in der dämonisierten Zone des Konflikts immer auftreten.

Nach der Analyse einer jeden Episode bitte ich beide Parteien, dass sie sich zu den folgenden Fragen ehrlich und persönlich äußern:

1. Was war in der gerade abgeschlossenen Analyse der kritischen Episode für mich ein Schlüsselerlebnis?
2. Wenn ich mit meinem heutigen Wissen und Verständnis auf mein damaliges Denken und Tun in dieser Episode zurückblicke: Was ist mir heute noch an meinem eigenen Verhalten rätselhaft?

3. Welche meiner eigenen Verhaltensweisen bedaure ich rückblickend? Wovon wünschte ich heute, dass ich es niemals gesagt oder getan hätte?
4. Was werde ich hoffentlich in Zukunft, wenn sich eine ähnliche Situation ergeben sollte, so nicht mehr tun?
5. Von welchem Motto soll mein Denken und Tun in Zukunft geleitet werden, damit es nicht wieder zu derartigen Situationen kommt?

Ich bin immer wieder zutiefst berührt, wenn ich miterleben kann, was durch diese Arbeit an Erkenntnissen gewonnen und an Willensimpulsen geweckt worden ist (siehe eine detaillierte Beschreibung der Anwendung in einem Konfliktfall in Glasl 2008).

Weil die Streitparteien jetzt aus der Beschreibung ihres Gegenübers die beabsichtigten und die unbeabsichtigten Wirkungen erfahren haben, können sie ihr Verhalten besser lenken – wenn sie dies wollen. Dass sie dies wahrscheinlich so wollen, ist die Folge der Gefühlserinnerung, das heißt des Einlebens in die Auswirkungen des eigenen Handelns auf die Gegenpartei.

Und das Folgende ist mir sehr wichtig: Seiner Art nach ist dieses Einfühlen dem *Kamaloka-Erlebnis* nach dem Sterben ganz ähnlich, wie dies Rudolf Steiner in vielen Schriften und Vorträgen schildert. Wir erleben bekanntlich in etwa drei Tagen, wenn sich unser Ätherleib auflöst, in einer ersten Rückschau, was wir anderen angetan haben. Denn wir erleben den Schmerz, den wir jemandem zugefügt haben, jetzt so, dass wir ihn selber erleiden. Und dieses nachtodliche Erleben der Empfindungen der Gegenseite ist der erste moralische Anstoß für eine Änderung unseres Sinns. Daraus erwächst den Menschen die Kraft, einander zu verzeihen. Darum meine ich auch, dass diese Methode bis an die Schwelle der karmischen Bedeutung unseres Tuns führen kann.

Nach der Klärung der Episode 1 des Konfliktes wird mit der «Mikro-Analyse kritischer Episoden» auch noch an den Episoden 2, 3 und 4 gearbeitet. Und hier mache ich mit meinen Klienten immer dieselbe erstaunliche Erfahrung: Wenn die Episoden mittels mikroskopischer Analysen aufgearbeitet werden, dann stellt sich spätestens bei der Beschäftigung mit Episode 3 und 4 heraus, dass die Grundfragen in allen kritischen Ereignissen und auch die Verhaltensmuster einander sehr ähnlich, wenn nicht sogar dieselben sind. Die Kernthemen des Konfliktes erweisen sich als Schlüssel zum Verstehen der Probleme in den gegenseitigen Beziehungen, in den Strukturen und Prozessen einer Gemeinschaft. Wir brauchen gar nicht mehr die Episoden 5 und 6 bis 10 zu betrachten, weil sie sich als «Thema mit Variationen» herausstellen. – Genau diese Einsicht ergibt sich aber auch aus den Karmaübungen Rudolf Steiners, die ich so zusammenfassen will: Der Makrokosmos des Konfliktes bildet sich wesensgleich im Mikrokosmos der kritischen Konfliktepisoden ab (siehe Steiner GA 236).

Die Konfliktarbeit kann dann fruchtbar werden, wenn es gelingt, die an einem Konflikt beteiligten Menschen in eine Kamaloka-ähnliche Stimmung und Bewusstseinshaltung zu versetzen, wie sie nachtodlich eintritt.

Die Grundidee dabei ist, dass man erleben und erleiden kann, was man jemandem angetan hat. Durch die Schilderung Annas zum Beispiel hat Bruno die Möglichkeit, die Wirkung seines Tuns zu erfahren. Anna muss aber streng darauf achten, nicht das Verhalten des anderen zu kritisieren, sondern nur die erlebte Wirkung zu beschreiben und die eigenen Empfindungen mit Ich-Botschaften darzustellen. Der andere – in meinem Beispiel eben Bruno – hört zu und wird dann eingeladen, das Gehörte sinngemäß mit eigenen Worten wiederzugeben. Anna kann ergänzen, wenn etwas überhört wurde, sodass Brunos Erinnerung wieder vollständiger wird.

In einem nächsten Schritt wird nun wieder – wie oben beschrieben – Anna eingeladen, Brunos Verhalten aus ihrer Erinnerung zu beschreiben, aber nicht zu sagen: «So war es», sondern: «Das ist meine Sicht der Dinge, meine Erinnerung.» Als Nächstes fügt nun Bruno seine erinnerbaren Verhaltensweisen hinzu. Jetzt erst beschreibt Bruno, was sich in seinem Innenleben abspielte in dieser Episode, sodass es schließlich in sein Handeln eingeflossen ist. Dieses Gespräch geht einige Male zyklisch hin und her: anhören, aufgreifen, wiedergeben, ergänzen. Das, was ich als Kamaloka-Stimmung bezeichnet habe, ist dabei aber von entscheidender Bedeutung. Zusätzlich ist mir noch etwas anderes ganz wichtig, nämlich ein Ausdruck, den der Soziologe Max Weber (siehe Weber 1919 und Neumann 1949) nach dem Ersten Weltkrieg geprägt hat und den ich hier nur sinngemäß wiedergeben kann: Es kommt heute mehr und mehr darauf an, dass wir lernen, nicht nur aus der *Gesinnungsethik* heraus zu handeln, sondern zusätzlich aus der *Verantwortungsethik* heraus. Wir müssen bereit sein, die Verantwortung für die *Folgen,* also für die *Wirkungen unseres Tuns* zu übernehmen, gleichgültig, ob wir dies so gewollt haben oder nicht.

Wenn jetzt in der oben beschriebenen Klärungsarbeit zwischen Anna und Bruno die Wirkungen dargestellt wurden, dann heißt das, dass das Geschehen mit Bruno verknüpft ist, unabhängig davon, ob Bruno das gewollt hat oder nicht. Ich meine das nicht im Sinne von Schuld, wohl aber im Sinne von Verantwortung (siehe Glasl 2010). Bruno hat irgendwie einen Anteil daran, dass etwas mit Anna geschehen ist, und jetzt stellt er sich dieser Tatsache und setzt sich mit ihr auseinander.

Wo offenbaren sich Ungereimtheiten oder Lücken? Wenn Bruno zum Beispiel von Anna hört, wie gewisse Dinge bei ihr total anders angekommen sind, als sie von ihm gemeint waren, dann zeigt sich ihm eine große Lücke, eine Diskrepanz zwischen Brunos Wollen und der Wirkung. Er hatte sein Verhalten und die Wirkung nicht hundertprozentig unter Kontrolle gehabt (was ja sowieso nur schwer vorstellbar ist). Trotzdem muss er auf die Suche gehen nach den Lücken, nach den Stellen, wo alle möglichen Kräfte reinschlüpfen konnten, die dann mit ihm und mit Anna durchgegangen sind.

Durch solche Kräfte wird vieles, was zwischen Anna und Bruno ist, aufgefüllt und getrübt, sodass eigentlich nicht mehr Bruno mit Anna den Streit führt. Vielmehr führt das Bild, das sich Bruno von sich gemacht hat, einen Streit gegen das Bild, das er sich von Anna gemacht hat, und umgekehrt. Vorhin habe ich ja (Seite 27 ff.) gezeigt, wie das alles die dämonisierte Zone entstehen lässt.

Da begegnen wir immer wieder sehr vielen unfreundlichen Seiten unserer eigenen Persönlichkeit, zum Beispiel den Doppelgängeraspekten unserer Persönlichkeit (Glasl 2008). Dazu braucht es eben den oben erwähnten Mut und die Bereitschaft, zu lernen. Darauf gehe ich später (Seite 97 ff.) noch genauer ein.

Dieses von mir angesprochene aktive, konstruktive und

kreative Herangehen an einen konkreten Konflikt bietet eine einmalige Chance, sich von illusorischen Selbstbildern nach und nach befreien zu können, auch wenn dies mühsam und schmerzhaft ist. Alle möglichen Zwangshandlungen, die zwischen uns ablaufen, können erkannt, durchschaut und aufgelöst werden. Dann könnten wir etwas tun, was für mich am schönsten im niederländischen Wort «ontmoeten» (sprich: «ontmuten», was auf deutsch «begegnen» heißt) zum Ausdruck kommt. Die wörtliche Übersetzung von «ont-moeten» heißt interessanterweise «ent-müssen».

Wenn man den Mut hat zur Begegnung mit einem anderen Menschen und wenn man an Konflikten, die sich im Laufe dieses Lebens angesammelt haben, arbeiten will, dann besteht die Chance, zu sich selbst und zueinander zu finden. Es ist möglich, dass diese Begegnung als «ent-müssen» zur Befreiung führt und dadurch alles, was einen zwanghaft immer wieder gegeneinander geführt hat und was die Zusammenstöße zu Wiederholungsspielen gemacht hat, endlich aufhört. Jürg Willi (1975) hat das «Kollusion» genannt und gezeigt, dass es bei problematischen Paarbeziehungen auch nach einer Trennung und in einer neuen Verbindung zu Wiederholungen bestimmter dysfunktionaler und störender Verhaltensmuster kommen kann, wenn diese nicht erkannt und bewusst verändert werden (was auch für andere Beziehungen, wie z.B. zwischen Führungsperson und Teammitglied, gilt). Wenn wir bei aller Mühsal in der Konfliktarbeit dieses «Ent-Müssen» einmal spüren können, dann gehört das zu den lohnendsten und erhebendsten Erlebnissen. Auch wenn die Konfliktarbeit letztlich zu einer Trennung führen sollte, die ohne Ressentiments und ohne Rachegedanken den bisherigen Gegner in die Freiheit entlässt, sind beträchtliche Entwicklungsschritte möglich.

Dazu ein tröstlicher Gedanke: Anthroposophische Institutionen sind vielleicht so attraktiv für Konflikte, weil in ihnen ein intuitives, wenn auch nicht reflektiertes Wissen davon vorhanden ist, dass es letztlich um solche Entwicklungen und Auseinandersetzungen gehen sollte. Jetzt kommt es allerdings darauf an, mittels konstruktiver und kreativer Konfrontationen miteinander daran zu arbeiten.

Nachhaltige Konfliktlösung durch Metanoische Mediation

Im vorhergehenden Kapitel habe ich mit der «Mikro-Analyse kritischer Episoden» eine Methode beschrieben, mit der tiefe Verletzungen und Vertrauensbrüche geheilt werden können. Die einzelnen Schritte dieser Methode gehen auf die seelischen Funktionen Wahrnehmen-Denken-Fühlen-Wollen ein, die durch Stress, Spannungen und Konflikte immer mehr getrübt und beeinträchtigt werden, und haben eine Klärung, Bewusstwerdung und Entzerrung zum Ziel. Denn das ist eine Voraussetzung für eine Konfliktlösung, die in den Arbeits- und Lebenssituationen des Alltags zu nachhaltigen Ergebnissen führen soll. Es würde nicht ausreichen, dass sich die Streitparteien auf einen pragmatischen und sachlichen Kompromiss geeinigt haben, wenn nicht gleichzeitig eine tragfähige Beziehung des gegenseitigen Respekts geschaffen und gelebt wird. Das ist in all den Situationen erforderlich, in denen die Streitparteien auch nach einer abgeschlossenen Konfliktbearbeitung noch miteinander in einer Beziehung zueinander stehen, in der sie jedes Mal wieder und wieder gewillt sein müssen, das erreichte Ergebnis zu leben. Wenn z.B. eine Ehe geschieden wird, in der es auch Kinder gibt, können alle sachlichen Fragen im Zuge einer Mediation klar und fair geregelt worden sein: das Sorgerecht und die Sorgepflicht, Zahlungen für die Kinder, Zeiten für wechselseitige Betreuung der Kinder usw. Mann und Frau sind dann nicht mehr als Eheleute miteinander verbunden, bleiben aber Vater und Mutter der gemeinsamen Kinder. Und wie sie als Eltern auch nach der Scheidung miteinander umgehen, ist von großer Bedeutung für die Entwicklung der Kinder – denn über die Kinder bleibt ja eine Beziehung zwischen den Eltern bestehen. Wenn die Elternrollen und -beziehungen nicht geklärt und geläutert und neu gestaltet sind, werden die Kinder dafür büßen. Ähnliches gilt auch für Konflikte im Arbeitszusammenhang, wenn in einer Mediation beschlossen worden ist, die ehemaligen Streitparteien in andere Abteilungen zu versetzen: Wenn sie weiterhin bei der Erledigung ihrer Arbeit miteinander in Kontakt treten müssen und dabei einander ständig argwöhnisch begegnen, weil sie noch immer ein unverändert negatives Bild der Gegenpartei haben, ihr voll Antipathie und Argwohn begegnen und vom Vergeltungsdenken getrieben werden, dann können die alten Konflikte doch wieder aufleben. Die Mediation ist dann nicht nachhaltig wirksam.

Wenn die Streitparteien auch nach einer Konfliktbearbeitung in irgendeiner Abhängigkeit zueinander stehen müssen, genügen bei eskalierten Konflikten die sachlichen Regelungen nicht, auch wenn sie noch so gut sind. Wenn die Parteien immer noch dieselben Bilder von sich, vom Gegner und von den Ereignissen haben wie im Konflikt, wenn sie übereinander noch genau so denken wie vor der Mediation, wenn ihre Gefühle und Haltungen unverändert sind, dann ist die Wahrscheinlichkeit sehr groß, dass sie bei der ersten geringen Spannung in die alten Muster des Wahrnehmens, Denkens, Fühlens und Wollens zurückfallen. Deshalb muss mit einer Konfliktlösung eine Läuterung der Parteien, eine «Katharsis», angestrebt werden, die eine Wende, eine «Metanoia», d.h. eine mentale Umkehr herbeiführt. Mit «Katharsis» ist im Sinne des Heilsverständnisses des Hippokrates in der griechischen Antike (ausführlich in Glasl 2008; siehe vor allem Berner-Hürbin 1997, Seite 66ff., 130ff.) ein reinigendes, befreiendes Erlebnis gemeint, durch das die bisherigen seelischen Muster erkannt, überwunden und aufgelöst werden: 1. die Wahrnehmungen werden wieder ergänzt und entzerrt; 2. das Denken wird wieder beweglich, besonnen, sachlich und objektivierend; 3. die Menschen öffnen sich in ihren Gefühlen wieder füreinander, und 4. wird das Wollen nicht mehr von Vergeltungs- und Rachestreben, sondern von gegenseitiger Rücksichtnahme beherrscht. Dadurch erst können sie einander später wieder unbefangen und respektvoll begegnen.

Dies wird durch ein Vorgehen möglich, das ich mit Rudi Ballreich «mediativen U-Prozess» nenne (Ballreich/Glasl 2007, Ballreich/Glasl 2010 und 2011).

Die Figur der U-Kurve symbolisiert, wie auf der linken Seite des U dieser Prozess beginnt und schrittweise hinunterführt in tiefere seelische Schichten, bis er auf der rechten Seite wieder heraufführt in die äußere Wirklichkeit. Mit der Abwärtsbewegung durch die seelischen Tiefen sollen qualitative Veränderungen bewirkt werden, vier reinigende – kathartische – Wendeerlebnisse, die jeweils zu einer mentalen Umkehr führen (siehe Seite 65).

Der «Initial-Wendepunkt»

Damit die Konfliktparteien von ihrem bisherigen, zerstörerischen und selbstzerstörerischen Streitverhalten ablassen, müssen sie sich dazu durchringen, sich auf ein gewaltfreies Verfahren der Konfliktbearbeitung einzulassen, zum Beispiel auf eine Mediation. Bis dahin waren ja die Streitenden davon überzeugt, dass sie mit kämpferischen Mitteln ihre Ziele am besten erreichen können. Durch Gespräche mit dem Mediator oder der Beraterin haben die Menschen ihre Annahmen überprüft und die Einsicht und die Bereitschaft gewonnen, einen neuen Weg zu beschreiten, auch wenn dieser mit Schwierigkeiten verbunden sein sollte. Als Mediator oder Berater lege ich immer größten Wert auf den Hinweis, dass die Konfliktparteien im Laufe der Konfliktbearbeitung wahrscheinlich öfters an der Sinnhaftigkeit der Mediation zweifeln werden. Vielleicht werden sie einige Male ungeduldig, enttäuscht und entmutigt oder manchmal sogar verzweifelt sein und daran denken, das ganze Verfahren abzubrechen. Ich finde es auf jeden Fall besser, solche kritische Momente im Voraus zu erwähnen und nicht die Illusion eines glatten, problemlosen Weges in die Konfliktlösung aufkommen zu lassen. Erst wenn die Konfliktparteien trotz allem entschlossen sind, sich auf das Wagnis einer gewaltfreien Konfliktbearbeitung einzulassen, kann von einem «Initial-Wendeerlebnis» gesprochen werden.

In der Regel ergreift eine Partei zuerst die Initiative, um aus der Sackgasse des Konflikts herauszukommen, weil sie daran zweifelt, ob die bisherige Art der Konfliktaustragung überhaupt etwas bringen kann – weder ihr noch der Gegenpartei. Wenn für diesen Schritt das Leiden und die Sinnfrage ausschlaggebend sind, vertiefe ich als Mediator im Gespräch mit dieser Person ihre Vorstellungen, welche Zukunftssituation sie vermeiden will und was sie dazu beitragen könnte, dass wenigstens der Eskalation Einhalt geboten wird. Daraus habe ich eine Methode entwickelt, die ich «Konsens über die unerwünschte Zukunft» nenne und die ich in dem Buch «Konfliktmanagement und Mediation mit Teams und Organisationen» (Ballreich/Glasl 2011) in Einzelheiten beschrieben habe und in dem Film (DVD 2, Szene 7, Ballreich/Glasl 2010) zeige. Die Essenz der einzelnen Schritte fasse ich wie folgt zusammen:

1. Die Konfliktpartei soll sich sehr konkret vorstellen, wohin im Laufe einer absehbaren Zeit (z.B. 6 Monate) die Gesamtsituation abdriften wird, wenn niemand etwas unternimmt, die Eskalation zu stoppen.
2. Danach soll die Konfliktpartei für sich dem Gefühl nachgehen, das sie zu der angegebenen Zeit haben wird,

wenn die unerwünschte Zukunft Wirklichkeit geworden ist.
3. Nun soll sich diese Person überlegen, was sie selbst aus eigener Initiative tun könnte, um die unerwünschte Zukunft nicht eintreten zu lassen.
4. Schließlich soll sie verbindlich zwei bis drei dieser möglichen Aktionen auswählen, die sie sofort ausführen kann.

Wenn sich eine Konfliktpartei anhand dieser Fragen zu konkreten Aktionen entschließt, kann sie auf die Gegenpartei zugehen, ihr von ihren Vorhaben berichten und ihr in derselben Schrittfolge Impulse zum Überdenken der Situation und möglicher Aktionen geben. Wenn der Konflikt allerdings schon zu offenkundigem Vertrauensbruch geführt hat, kann dies nur noch von externen Mediatorinnen oder Beratern so durchgeführt werden.

Dabei finden erst mit den Konfliktparteien getrennte Gespräche zu den Fragen 1 bis 4 statt. Doch bevor auf diese Weise das Gespräch mit Frage 1 beginnt, muss der Gesprächspartnerin zuerst erlaubt sein, sich unstrukturiert Luft zu machen und auszusprechen, was sie belastet. Doch ab dann ist es wichtig, die Schrittfolge genau einzuhalten.

Mit Frage 1 wird erst gefühlsmäßig hingeführt in die nächste Zukunft, vielleicht in einem halben Jahr, indem kurz ein Bild beschrieben wird, wie sich die Jahreszeit verändert hat, vielleicht ein bestimmtes Jahresfest vor der Tür steht (Weihnacht oder Ostern oder Sommerferien etc.). Und es ist wichtig, nicht im Konjunktiv zu sprechen: «Wie könnte die Situation sein … wie wäre es dann …» Vielmehr sollten wir davon ausgehen, dass die Person in ihrer Vorstellung und ihrem Gefühl sich schon in der (künftigen) Situation befindet: «Wie läuft es jetzt? Was tun Sie jetzt anders? Wie benimmt sich die Gegenpartei? Wie sieht die Beziehung zwischen Ihnen aus?»

Mit Frage 2 wird wieder davon ausgegangen, dass sich der Gesprächspartner oder die -partnerin schon in der unter 1 beschriebenen Situation befindet. Auch hier wird nicht der Konjunktiv verwendet, sondern die Gegenwartsform. Andernfalls steigt die befragte Person sofort wieder aus der Zukunftssituation aus.

Auf Frage 3 zu antworten, fällt vielen Menschen zunächst schwer, weil die Stress- und Konfliktmechanismen den Zugang zu den positiv-kreativen Ressourcen behindern. Hier ist es angebracht, mehrere Anregungen zu geben – nicht nur eine, damit eine eigene Abwägung erfolgt. Und es ist hilfreich, auf positive Erfahrungen in der Vergangenheit zu blicken, in denen sich die eine oder andere Aktion als durchaus hilfreich erwiesen hat. Das stärkt das Vertrauen in die eigenen Fähigkeiten, den Konflikt bewältigen zu können.

Die Antworten auf Frage 4 sind Initiativen der befragten Person! Zumeist meint diese, sie wäre zu einer deeskalierenden Aktion bereit, wenn die Gegenpartei dazu den ersten Schritt unternähme. Hier weise ich darauf hin, dass sich weder die eine noch die andere Konfliktpartei von der Gegenseite abhängig machen, sondern eigenständig handeln und so ihren Beitrag zur Konfliktlösung leisten soll.

Es gibt auch den anderen Weg, der nicht beim Szenario der unerwünschten Zukunft ansetzt, sondern – bei allem erlittenen Leid – eine positive Zukunftsorientierung anstrebt, wie es mit Methoden der Lösungs-fokussierten Mediation (Bannink 2009, Wüstehube 2010) versucht wird. Als Mediator versuche ich dann im Gespräch, die Vorstellung auf ein Bild der gewünschten Zukunft nach der Konfliktlösung hinzulenken: «Wie wird die Zusammenarbeit (Partnerschaft, Nachbarschaft usw.) aussehen, nachdem es Ihnen gelungen ist, den Konflikt zu lösen? Welche Hoffnung haben Sie? Welche Sehnsüchte oder Visionen haben Sie? Welche Qualität der Beziehung erscheint Ihnen attraktiv?» – Wenn es auf diese oder ähnliche Weise gelungen ist, positive Phantasien zu wecken, erscheint es den Konfliktparteien sinnvoll, dafür den oft mühsamen Weg der konstruktiven Konfliktbearbeitung zu beschreiten. Die Hoffnung auf die Lösbarkeit des Konflikts gibt ihnen die Kraft, sich auf eine Mediation einzulassen. Und sie können dann benennen, an welchen strittigen Themen sie mit der Gegenpartei arbeiten wollen, um die erhoffte Zukunft zu ermöglichen. Bei diesem Vorgehen ist es besonders wichtig, keine euphorische Stimmung entstehen zu lassen, sondern nüchtern auf mögliche Schwierigkeiten und Widerwärtigkeiten hinzuweisen. Je klarer dieser Realität ins Auge geblickt wird, desto mehr kann ich mich darauf verlassen, dass die Konfliktparteien nicht schon bei den ersten Schwierigkeiten die Flinte ins Korn werfen, sondern ihrem Entschluss treu bleiben werden.

Wenn es so weit ist, kann das weitere Vorgehen geklärt werden, können Spielregeln, Rollen, zeitliche und finanzielle Bedingungen und anderes mehr vereinbart werden, damit die Bearbeitung der Konfliktthemen beginnen kann.

Der «Kognitive Wendepunkt»

Die nun folgenden Schritte der Konfliktbearbeitung widmen sich der Darlegung und Vertiefung der verschiedenen *Sichtweisen* und *Denkweisen* der Konfliktparteien. Die Deformationen im Wahrnehmen und Denken haben ja dazu geführt, dass jede Konfliktpartei ihre subjektive Sicht für die einzig gültige Wahrheit hält und andere Sichtweisen als Lüge oder Manipulation bekämpft. Das will ich illustrieren mit den Bildern der Skulptur von Buchuti Tsanava (aus Georgien) «... wird Sturm ernten», die ich von verschiedenen Standorten fotografiert habe. Nehmen wir an, dass diese Skulptur vor A, B, C und D auf einem Tisch steht und dass die Personen sie – auf Stühlen sitzend – von verschiedenen Seiten betrachten. Person A hat der Figur ins Gesicht geblickt und ist überzeugt, dass sie nur so aussieht – und kann dies mit einem Foto beweisen. Person B sieht die Skulptur von der rechten Seite und hält das Bild A für eine infame Lüge, denn B kann mit Foto B beweisen, dass die Figur ganz anders aussieht. Ähnlich geht es Person C, die auf den Rücken der Figur schaut, und D, die alles von oben betrachtet.

Jede Seite sieht also einen bestimmten Ausschnitt der Wirklichkeit, der von ihrem Standort, von ihren Erfahrungen und von ihren Interessen bestimmt wird, und hält diesen für die ganze – und noch dazu absolute – Wahrheit! Was müssten nun diese Menschen tun, wenn sie die Aufgabe hätten, diese Skulptur aus Ton nachzubilden? Alle müssten von ihren Stühlen aufstehen, ihren bisherigen Standort verlassen und die Figur von allen Seiten betrachten, also die Sichtweise der anderen Personen einnehmen, sodass sie die Skulptur als ganzes Gebilde wahrnehmen.

A

B

C

D

Von der Fixiertheit auf eigene Sichtweisen zum Perspektivenwechsel

Genau darum geht es jetzt auch in der Konfliktbearbeitung. Jede Person stellt einerseits ihre ganz subjektive Sicht der Dinge dar, was für sie die strittigen Themen sind, wie sie die Eskalation der Auseinandersetzung erlebt hat, welches Bild sie von der Gegenpartei und von sich selber hat usw. Jede hört auch die Beschreibungen der Gegenseite an und nimmt zur Kenntnis, wie deren subjektive Wahrnehmung ganz anders sein kann. Doch statt diese abzulehnen und als Lüge zu bestreiten, können die Beteiligten nun beginnen zu verstehen, wie die Gegenseite zu ihrer Sichtweise gekommen ist. Indem die unterschiedlichen Sichtweisen der am Konflikt beteiligten Personen eingenommen werden, kommt es zum sogenannten «Perspektivenwechsel» (siehe auch Splinter/Wüstehube 2005, Ballreich/Glasl 2007). Um diesen Wechsel zu unterstützen, bitte ich in dieser Phase jede Seite, ihre Erzählungen möglichst oft mit folgenden Satzanfängen oder ähnlichen Formulierungen zu beginnen: «Aus meiner Sicht hat Bruno ...», «Nach meiner Erinnerung sagte dann Bruno ...», «Ich hatte es so wahrgenommen, dass Bruno ...», «Mein Bild war, dass Bruno ...» Und ich erlaube mir dann, nach einigen Sätzen kurz zu unterbrechen und das Gesagte mit meinen eigenen Worten paraphrasierend zu wiederholen, wobei ich immer betone: «Also aus Ihrer Sicht ...», «Ich habe verstanden, dass es sich für Sie so dargestellt hat ...», «Ich habe gehört, dass Sie den Eindruck hatten, dass ...». So bekommen die Konfliktparteien eine Bestätigung, dass das gehört worden ist, was sie gesagt haben, und es prägt sich ihnen gleichzeitig ein, dass der einen subjektiven Sicht eine andere subjektive Sicht gegenübersteht und dass beide nebeneinander bestehen können. Nachdem ich das kurze Zeit vorgemacht habe, bitte ich die zuhörende Gegenpartei Anna, dass sie das Gehörte in eigenen Worten wiederholt – ohne Kommentar, ohne Ergänzungen oder Auslassungen, und ich begründe das so: «Bei diesem Klärungsgespräch ist es von ausschlaggebender Bedeutung, dass alles, was gesagt wird, auch gehört und richtig verstanden wird. Das Wiederholen ist ein Mittel der Qualitätssicherung! Denn wenn in einer klärenden Aussprache etwas falsch verstanden wird, ist hinterher der Schaden noch größer als vor dem Gespräch.»

Nachdem die Konfliktparteien ihre Wahrnehmungen beschrieben haben, frage ich weiterhin: «Das war also Ihr Bild – und was haben Sie sich damals dabei gedacht? Wie haben Sie sich das alles erklärt? Welche Vermutungen hatten Sie?» – Auch mit diesen Formulierungen betone ich das Subjektive unserer Erklärungen und Deutungen. Denn wir sind es, die sich zu dem Wahrgenommenen einen Reim machen und aufgrund unserer Erfahrungen, Begriffe, Vorstellungen und Vermutungen das Wahrgenommene interpretieren – und das für die einzig richtige Deutung halten. Ich kann dabei immer erleben, wie sehr die Konfliktparteien erstaunt sind, dass ihre Worte und Taten, ihre Gesten und Körperhaltungen ganz anders interpretiert worden sind, als sie gemeint waren. Sobald die Konfliktparteien im Streit unsicher geworden sind, werden sie skeptisch und argwöhnisch und unterstellen einander immer mehr negative Absichten. Während der Aussprache beginnen sie nun zu verstehen, wie jeder aus seinem Wahrnehmungsausschnitt heraus das Geschehen interpretiert und dabei Wahrnehmung und Urteil miteinander impulsiv vermischt. Aus all dem ist dann die dämonisierte Zone entstanden, die ich vorhin schon erläutert habe (Seite 27 ff.).

Eigene und fremde Denkmuster erkennen

Durch meine Frage nach den subjektiven Wahrnehmungen und den – wiederum subjektiven! – Gedanken sollen sich die Menschen dessen bewusst werden, dass dieselben Wahrnehmungen auch noch anders gedeutet werden können. Wenn die fixierten Gedanken allmählich gelockert werden, können wir gedanklich noch andere Deutungen durchspielen. Das geschieht mit der Methode des sogenannten «Reframing», indem für dasselbe Geschehen, dieselben Aussagen oder Taten noch andere Bezugs- und Deutungsrahmen (engl. «frame of reference») angenommen und gedanklich durchgespielt werden. Dadurch werden Wahrnehmen und Denken, die miteinander im Affekt vermischt worden sind, wieder «entmischt». Wenn dies gelingt, werden die Menschen sich ihrer *Denkmuster* bewusst und erkennen, wie sie den oft ungewollten und ungeschickten Handlungen des Gegners böse Absichten unterstellen und z. B. hinter einer Kette von Zufällen sofort Intrigen annehmen, als deren Opfer sie sich erlebt haben. – Besondere Aufmerksamkeit ist in diesem Prozess den positiven Selbstbildern und negativen, zumeist dämonisierten Feindbildern zu widmen, die aufgelöst werden können, wenn sich zeigt, wie diese durch negative Unterstellungen und Zuschreibungen entstanden sind. Allmählich können die Konfliktparteien ihre eigenen «Denkbewegungen» beobachten und erkennen, wie anders der Denkstil der Gegenseite sein kann. Damit begeben sich die Streitparteien auf die Ebene der *Metakognition*, d. h., sie nehmen Abstand von ihrem so selbstverständlichen Denken und schauen aus höherer Warte darauf. Es können dann sehr verschiedene Denkbewegungen bei Problemlösungen erkannt werden:

A) Sequentielle Denkbewegung: Jemand beginnt mit der Klärung des Sachverhalts A und geht schrittweise nach B, C und D und vermeidet ein Hin und Her und Schleifenbildung.

- *Sequentiell-deduktiv* ist z. B. die Urteilsfindung einer Richterin, die von allgemeinen Rechtsprinzipien ausgeht, dann zu den konkreten Gesetzen und Ausführungsbestimmungen übergeht und daraus Schlussfolgerungen für den konkreten Einzelfall zieht.
- *Sequentiell-induktiv* kann der Denkansatz eines Forschers bei einem sozialpsychologischen Experiment sein, der das Verhalten von Personen in konkreten Situationen genau beobachtet, daran bestimmte wiederkehrende Muster identifiziert und daraus generelle Prinzipien oder Gesetze ableitet.

B) Assoziierende, zirkuläre Denkbewegung: Viele Menschen gehen nicht schrittweise vor, sondern umkreisen immer wieder bestimmte Fragestellungen, assoziieren mit anderen Aspekten, stellen Verbindungen her und verwerfen diese wieder, bis sich ein Aha-Erlebnis einstellt.

C) Menschen können bevorzugt *rational und analytisch* vorgehen, während andere dies lieber *imaginativ-bildhaft und intuitiv* tun.

Dies sind nur einige Formen von Denkbewegungen (siehe ausführlicher Glasl 2009), aber wenn sich die Menschen im Konflikt darin erkennen und wenn sie außerdem akzeptieren können, dass viele Wege nach Rom führen, dann werden sie nicht mehr unverrückbar auf ihrem Vorgehen als dem einzig richtigen beharren.

Jaap Hollander (2007) hat ein Instrument entwickelt, mit dessen Hilfe Menschen die Besonderheiten ihres Denkstils erkennen und mit dem des Konfliktpartners vergleichen können. Es hat sich vor allem bei Konflikten zwischen Menschen aus verschiedenen Ländern und Kulturen bewährt (siehe Brinkmann/Korteweg-Wiers 2007).

Mit genügender Mediationserfahrung kann hier eine Methode angewendet werden, die Robert Blake, Herbert Shepard und Jane Mouton (1964) entwickelt haben, und die sich in verschiedenen Varianten bei der Auflösung von stereotypen Selbst- und Feindbildern vielfach bewährt hat (siehe den Film Ballreich/Glasl 2010, DVD 4 / Szene 10). Es muss aber damit gerechnet werden, dass dadurch zunächst heftige Emotionen aufkommen. Der Prozess besteht aus 5 Schritten, und ich beschreibe ihn wieder am Beispiel des Konflikts zwischen Anna und Bruno:

1. *Schritt «Bilder erstellen»:* Anna und Bruno schreiben getrennt auf, was sie als ihre eigenen Stärken und Schwächen sehen (Selbstbild), und was sie als positv und negativ im Verhalten der anderen Person wahrnehmen (Feindbild). Zu Beginn dieses Schrittes bitte ich die beiden, sich unbedingt bewusst zu machen, dass dies ihr subjektives Bild ist, welches durch Einseitigkeit, Trübung und Verzerrung entstanden sein kann und nun überprüft werden kann.

2. *Schritt «Konfrontation»:* Anna und Bruno tragen einander nur vor, wie sie die Gegenseite sehen, die positiven und negativen Seiten in deren Verhalten – stellen jedoch nicht ihr Selbstbild vor. Auch im gegenseitigen Präsentieren sollten sie immer mit den Satzanfängen beginnen «So sehe ich es ... So habe ich es wahrgenommen ... So stellt es sich mir dar ...». Diese Konfrontation erregt verständlicherweise immer die Gemüter, weil oft zum ersten Mal das gehört wird, was die Konfliktparteien schon länger dachten, aber nicht direkt ausgesprochen hatten. Dabei löst die Konfrontation mit dem, was als negatives oder irritierendes Verhalten empfunden wurde, meist heftige Emotionen und Rechtfertigungsbedarf aus – und doch darf bei dieser Präsentation nicht diskutiert werden, weil dies die nächsten methodischen Schritte durchkreuzen würde. Ich lasse nur Verständnisfragen zu und bitte um Geduld!
3. *Schritt «Erklärungen suchen»:* Als Mediator bitte ich nun beide, in getrennten Gesprächen an konkrete Begegnungssituationen zu denken, in denen sie durch *ihr eigenes Verhalten* zum Entstehen des Bildes Anlass gegeben haben könnten, das beim Gegner entstanden ist. Kann sich also Anna erklären, wie sie durch ein bestimmtes Verhalten bei Bruno das Bild ausgelöst hat, dass sie beispielsweise «zu Pedanterie neige»? Und kann sich Bruno erinnern, dass er in einer konkreten Situation durch sein Verhalten bei Anna den Eindruck geweckt habe, dass er «rechthaberisch und belehrend auftrete». – Es ist ratsam, den beiden Zeit zu lassen, dazu in ihrer Erinnerung zu kramen und sich Notizen zu machen. Und wenn er für ein Bildelement selber keine Erklärung finden kann, formuliert er eine Frage an Anna: «Bitte gib mir ein konkre-

tes Beispiel, wo du mein Verhalten wahrgenommen hast, das zu dem Bild geführt hat!»

4. *Schritt «Erklärungen austauschen»:* Anna trägt vor, welche Erklärungen sie dafür gefunden hat, dass Bruno bestimmte ihrer Verhaltensweisen als positiv bzw. negativ erlebt. Am besten gelingt dies, wenn sie dafür die Situationen genau beschreibt, bei denen sie vermutet, dass Bruno den Eindruck bestimmter «Schwächen» erhalten hat. Sie kann dabei auch erklären, was sie damals mit ihrem Verhalten eigentlich wollte und was sie nicht wollte. Und Bruno wird gefragt, ob dies für ihn so zutrifft und ob er Anna verstehen kann. Danach bringt Bruno die Ergebnisse seiner Suche vor und fragt bei Anna nach, ob sie seine Vermutungen bestätigen kann. – Ich darf bei diesem Schritt immer wieder beobachten, wie befreiend dies die Konfliktparteien schließlich trotz aller Emotionen erleben, wenn sie sich erklären können, durch welches Verhalten sie zu den Feindbildern beigetragen haben, auch wenn sich zeigt, dass dies beim Gegner zu Pauschalisierungen geführt hat.
5. *Schritt «Ernten»:* Am wichtigsten ist mir im vierten und fünften Schritt, dass die Konfliktparteien jetzt Verantwortung für ihr eigenes Verhalten und dessen Wirkungen übernehmen. Und dass auf der anderen Seite erkannt wird, wie sehr sie ihrerseits durch die selektive Wahrnehmung im Konflikt bestimmte Unvollkommenheiten im Verhalten der Gegenseite zu generellen Merkmalen gemacht haben, die sich zu Pauschalurteilen ausgewachsen haben. Beide Seiten können sich jetzt von den Bildern lösen. Und es zeigt sich immer wieder, dass der Effekt der Lösung desto befreiender wirkt, je heftiger bei der Konfrontation erst die Entrüstung gewesen ist.

Durch die tiefe Krise stellt sich ein starker Katharsis-Effekt ein.

Durch eine solche oder ähnliche Aufarbeitung des Konflikts können die Menschen erkennen, wie sie manche Eigenschaften, die sie an sich selber ablehnen und am liebsten gar nicht sehen wollen, auf die andere Seite projiziert haben; und wie sie dem Gegner dadurch jegliche Veränderungs- und Entwicklungsmöglichkeit abgesprochen haben.

Ein «Kognitives Wendeerlebnis» ist dann erreicht, wenn den Streitparteien die Subjektivität ihres Wahrnehmens und Denkens klar geworden ist und sie die anderen Sichtweisen der Gegenseite erkennen und anerkennen können. Dann sind die Verengung des Blicks zum «Röhrenblick» und die Verkürzung der zeitlichen Perspektive durch die «kognitive Kurzsichtigkeit» und anderes mehr wieder überwunden. Die Menschen haben sich von ihren fixen Vorstellungen gelöst und öffnen sich wieder für neue Erfahrungen, ohne sie vorschnell zu ungeprüften Urteilen – den Vorurteilen – zu verfestigen.

Die Klärung der Wahrnehmung und des Denkens bewegt auch die Gefühle

Bei der Klärung der Wahrnehmungsinhalte und deren Deutung werden selbstverständlich mehr oder weniger starke Gefühle ausgelöst oder angesprochen, weil sie den Bildern und Gedanken zugrunde liegen. Wahrnehmen, Denken, Fühlen und Wollen hängen ja nicht zuletzt durch unsere leibliche Organisation eng zusammen, sodass mit dem Arbeiten an dem einen gleichzeitig auch die anderen seelischen Kräfte berührt werden (siehe dazu ausführlich Hüther 2002). Dennoch ist es möglich, dass wir vorerst nur die Klärung der Wahrnehmung und des Denkens versuchen und uns danach den Gefühlen zuwenden. Die Erfahrung hat gelehrt, dass es leichter ist, die Konfliktbearbeitung mit den kognitiven Aspekten (Wahrnehmen und Denken) zu beginnen, weil diese dem Bewusstsein besser zugänglich sind als das halbbewusste, «traumhafte» Fühlen und das weitgehend unbewusste, «schlafende» Wollen.

Der «Emotionale Wendepunkt»

Wie die Gehirnforschung zeigt, haben Emotionen eine zentrale Bedeutung für alle seelischen Funktionen. Der Teil im Gehirn, der «Mandelkern» (die «Amygdala»), überprüft die empfangenen äußeren und inneren Eindrücke in Sekundenbruchteilen, ob sie auf etwas Bedrohliches oder etwas Angenehmes hinweisen (siehe in Einzelheiten Hüther 2002, Bauer 2011). Wenn das Wahrgenommene als negativ (bedrohlich) empfunden wird, aktiviert die Amygdala durch Botenstoffe die Insula (Ekelzentrum), den Hypothalamus und danach den Hirnstamm, der eine Haltung oder ein Verhalten auslöst. Das löst direkt Gefühlsregungen aus. Nur danach werden alle anderen Seelenkräfte aktiv, auch das Denken greift erst später ein. Die rein gefühlsmäßige Bewertung durch den Mandelkern, die sowohl durch menschheitliche als auch individuelle Lebenserfahrungen gebildet wird, löst in der Folge vielfältige physiologische und psychologische Reaktionen aus. Was sich während eines Konflikts in unserer Gefühlswelt verändert, habe ich oben (Seite 43 ff.) bereits in den Grundzügen beschrieben. Deshalb müssen wir bei einer Konfliktlösung der Wende in den Gefühlen volle Aufmerksamkeit widmen, damit die Mediation nachhaltig wirken kann. Wenn das erreicht worden ist, ist das an Folgendem zu erkennen:

- Die Menschen stellen sich ihren Emotionen und sind sich ihrer Gefühle bewusst. Sie haben wieder «Impulskontrolle» entwickelt, sodass sie nicht mehr von Affekten überwältigt und zu destruktiven Worten und Taten getrieben werden.
- Die Konfliktparteien sind fähig geworden, auch solche Emotionen als die ihren anzuerkennen, die sie vorher an sich selber gar nicht schätzen konnten, weshalb sie diese verleugnet oder ignoriert oder verdrängt oder abgespalten und anderen zugeschrieben hatten, um sie «loszuwerden» und sich vor ihnen zu schützen.
- Die Betroffenen haben aus dem Eingesponnen-Sein in die Selbstliebe, das zu quasi sozial-autistischem Verhalten geführt hat, herausgefunden und öffnen sich wieder den anderen Menschen, die sie bisher als Feinde betrachtet hatten.
- Die ehemals verfeindeten Personen können erkennen, wie ihre Urteile über die beteiligten Menschen – Freunde hier und Feinde dort – weitgehend durch Sympathie und Antipathie geprägt worden waren; und durch diese Einsicht können sie Empathie, die Haltung des Einfühlens, entwickeln.
- Das Einfühlen in die Emotionen der Gegenpartei hat sich zu einem Mitfühlen entwickelt, ja mehr noch, zu einem ehrlichen Mitempfinden mit der Not des Geg-

ners, sodass aus der Schadenfreude ein Mit-Leiden geworden ist.

Diese Beschreibungen lassen erkennen, dass es hier um eine tiefe und durchaus schwierige seelische Wandlung geht. Wenn jedoch die Konfliktparteien durch die vorhergehenden kognitiven Wendeerlebnisse wahrhaftige Selbstkenntnis entwickelt haben, sind sie gut darauf vorbereitet, Schritte in die tieferen Regionen des Gefühlslebens zu wagen.

Ich beschreibe nun einige Mittel und Wege, die hierfür hilfreich sind. Solange der Konflikt noch nicht zu einem Vertrauensbruch geführt hat, können die am Konflikt beteiligten Menschen viele der hier gebotenen Methoden selbständig üben und im Gespräch mit dem Gegner oder der Partnerin anregen. Doch wenn es in einem stark eskalierten Konflikt zu abgrundtiefem Misstrauen und übelsten gegenseitigen Verdächtigungen gekommen ist, wird dies nur unter sorgfältiger Begleitung einer Beraterin oder eines Mediators gelingen. Bei Konflikten unter Konfliktfachleuten und Mediatorinnen sind sogar diese überfordert, weil sie sich selbst als Partei in einem Konflikt befinden und allen Deformationen ausgesetzt sind.

Dialog mit den eigenen Gefühlen

Viele Menschen können ihre negativen Gefühle nicht akzeptieren. Sie haben sich durch unangenehme Lebenserfahrungen angewöhnt, solche Gefühle zu ignorieren oder – wenn sie denn doch übermächtig zu werden schienen – zu unterdrücken oder zu leugnen, weil sie zur unpassenden Zeit auftreten. Das passiert höchstwahrscheinlich uns allen. Die negativen Gefühle belästigen uns dann nicht direkt, doch mit der Zeit merken wir kaum mehr, dass dadurch in uns eine Gefühlsleere entstanden ist. Die unangenehmen Emotionen sind zwar noch vorhanden (und auch gehirnphysiologisch nachweisbar), werden aber von unserem Bewusstsein nicht mehr ergriffen – aber desto mehr rumoren sie oft unbemerkt im Unterbewusstsein. Sie bewegen uns zu unkontrollierten Worten oder Taten oder zu sogenannten «Fehlleistungen», bei denen manchmal ungewollt etwas herausrutscht, was zwar wahr sein mag, aber in dieser Situation besser nicht gesagt worden wäre. Es ist darum eine Voraussetzung für jede weitere Konfliktbearbeitung, dass wir mit unseren Gefühlen – ob wir sie bejahen oder ablehnen – wirklich in Kontakt sind. Wenn wir sie spüren und bewusst registrieren, können sie uns nicht mehr so beherrschen wie vorhin.

Wir können nämlich mit unseren eigenen Emotionen in einen Dialog eintreten, als würden wir mit einer anderen Person ein Gespräch führen: «Wo spüre ich körperliche Anspannung? Wie geht mein Atem – locker und ruhig oder gepresst? Empfinde ich irgendwo im Körper Druck …?» Indem wir in dieser Weise unsere Körperbefindlichkeit «abgetastet» haben, bekommen wir leichteren Zugang zu unserer seelischen Befindlichkeit. Wenn wir uns gelegentlich Momente des Innehaltens gönnen und aufmerksam in uns hineinhorchen, welche Empfindungen und Gefühle gerade in diesem Augenblick in uns leben, werden wir unsere Emotionen immer genauer und differenzierter wahrnehmen. Dann können wir uns selber Fragen stellen: «Mein Magen, was willst Du mir in diesem Augenblick sagen?» «Mein Herz, warum pochst Du jetzt so heftig?» Und indem wir die spontan aufkommenden Antworten selbst aussprechen, können wir hinhören, was dann diese Organe oder diese Gefühle zu sagen haben – vorausgesetzt, dass wir zu uns ehrlich sind (weitere Übungen dazu finden sich in dem Buch «Mediation in Bewegung» von Ballreich/Glasl 2007). Das befähigt uns, in einer kritischen Situation unsere Gefühle zu spüren und ihre Botschaft zu vernehmen, um danach besonnen zu handeln.

Das Gespräch des inneren Teams

Oft leben widersprüchliche Gefühle gleichzeitig in uns und stellen uns vor ein Dilemma: Soll ich auf die Angst horchen und mich zurückziehen? Soll ich der aufkommenden Wut folgen und mir weitere Beschuldigungen verbitten? Hier empfiehlt es sich, die verschiedenen Gefühle einzeln zu befragen und zu Wort kommen zu lassen: «Angst, was sagst Du mir jetzt?» Und später, an ein anderes Gefühl gerichtet: «Wut, was willst Du mir jetzt sagen?» Friedemann Schulz von Thun (Schulz von Thun/Stegemann 2004, Pörksen/Schulz von Thun 2014) spricht hier von einem «inneren Team» und bietet dafür sehr praktische Hilfen, bei denen es auch darum geht, den verschiedenen Gefühlen und Strebungen in uns eine Stimme zu verleihen. Dazu wird jedem Gefühl ein Name gegeben, als wenn es eine eigene Person wäre («der Furchtsame», «die Hoffnungsfrohe» ...), und dann kann – nach einer Methode der Gestalttherapie (Perls/Ross 2007) – für jede «Person» ein eigener Stuhl vor uns hingestellt werden. Wenn ich die Angst reden hören will, setze ich mich auf den «Angst-Stuhl» und spreche aus diesem Gefühl. Dann setze ich mich auf den «Beklemmungs-Stuhl» und lasse dieses Gefühl durch meinen Mund sprechen; danach sitze ich auf dem «Wut-Stuhl» und lasse dieses Gefühl reden. Wer hört nun diesem Gespräch zu? Es ist das eigene Ich, das ja als die entscheidende Instanz diesen verschiedenen Gefühlsregungen gegenübersteht und durch diese «mentale Distanzierung» zur Selbststeuerung befähigt wird.

Eigene Abwehrmuster erkennen und überwinden

Durch die schon genannten Übungen und Methoden beginne ich bereits, das eigene typische Schutz- und Abwehrverhalten zu durchschauen und aufzulösen. Jedem Abwehren liegt eigentlich ein Schutzbedürfnis zugrunde (König 2007). Abgewehrt wird ja etwas, das mir Angst macht, und ich erwarte, mich somit davor schützen zu können. Doch das ist das Problem: Wenn ich bestimmte Wahrnehmungen und Gefühle, die ich als unangenehm und bedrohlich empfinde, nicht zulasse, dann geschieht dies eigentlich nach der Logik eines Kindes, das die Augen schließt und meint, dadurch nicht mehr gesehen zu werden. Indem sich ein Mensch auch den unangenehmen und negativen Gefühlen stellt, durchbricht er bereits das Abwehren. Aber es ist noch mehr nötig (siehe dazu ausführlich Thomann 2005, 2007).

Um an die Wurzel meines Schutz- und Abwehrverhaltens heranzukommen, kann ich mich – allein oder im Gespräch mit einer Person meines Vertrauens – erinnern, was mir in meiner Kindheit besonders unangenehm gewesen ist und Angst gemacht hat. Und ich kann mich fragen: Wie bin ich damals damit umgegangen? Womit habe ich versucht, die aufkommende Angst zu überwinden? – Es lohnt sich, auf diese Situationen genauer hinzuschauen: Wie ging es mir dabei gefühlsmäßig? Zu welchem Verhalten hat mich das bewegt? – Vielleicht erinnere ich mich, dass ich wegschauen oder davonlaufen wollte; oder dass ich mir gesagt habe, dass das vorübergehen wird, wenn ich mich davon nicht beirren lasse. Bei diesen Nachforschungen sollte ich mir vor allem in Erinnerung rufen, wie ich die allerersten Anzeichen eines solchen unangenehmen Gefühls bemerkt habe und was ich danach unternommen habe (siehe Ballreich/Held/Leschke 2009). Wenn ich jetzt in aktuellen Lebenssituationen darauf achte, wie sich ein unangenehmes Gefühl körperlich ankündigt – z.B. durch stockenden Atem, durch Druck in der Magengegend, durch Zittern, schlechtes Hören oder Sehen etc. – und seelisch etwa durch Beklemmung, Unsicherheit, Nervosität oder Angst, bin ich bereits einen Schritt weiter in der Überwindung eines Musters. Nun muss ich mich weiter beobachten: Welche Phantasien hat dies in meiner Kindheit oder Jugend in mir ausgelöst? Welche Phantasien löst es heute in mir aus? – In der Regel malen wir uns aus, was alles schiefgehen könnte. Manchmal sind es gewaltige Katastrophenszenarien, die in unseren Köpfen entstehen – die wir jedoch selbst produzieren! Und durch Verdrängen, Leugnen oder Abspalten und Projizieren möchten wir dem von uns selbst erzeugten Fiasko entkommen. Das ist wiederum das Gleiche, wie wenn das Kind seine Augen schließt. Vielleicht hat sich das in manchen Situationen durchaus bewährt, aber fatal wird es, wenn ich dieses Verhalten ungeprüft auch auf andere Situationen übertrage. Dadurch entsteht allmählich ein Muster, das zu passenden und unpassenden Gelegenheiten gelebt wird.

Hier hilft eine «Paradoxe Intervention» von Viktor Frankl (1975), dem Urheber der «Logotherapie», die ich «Wir lachen die Angst aus!» nenne. Sie kann von der Person «Peter», die bestimmte Abwehrmuster überwinden will, mit einigen Menschen ihres Vertrauens (hier «Vertrauenspersonen» genannt), am besten aber unter Anleitung einer Therapeutin oder eines Mediators durchgeführt werden. Die fünf Arbeitsschritte sind folgende:

1. Peter beschreibt in der Gruppe sehr konkret eine typische Situation, die ihm Angst gemacht hat und der er ausweichen wollte. Er erzählt auch genau, wie sich das auf sein Verhalten auswirkt. Die Vertrauenspersonen fragen gezielt nach, wenn sie sich aufgrund der Beschreibung die Situation und Peters Verhalten nicht konkret genug vorstellen können.
2. Die Vertrauenspersonen bitten Peter, genau zu erzählen, welche Phantasien er gewöhnlich in dieser Situation hat, wie er sich dann den weiteren Verlauf der Geschehnisse vorstellt, was dabei misslingen könnte usw., und Peter erzählt weiter.
3. Die Gesprächspartner animieren nun Peter, sich sein Verhalten und dessen Folgen noch problematischer vorzustellen, und bringen dazu selber Ideen ein, was alles noch mehr misslingen könnte. Sie laden Peter ein, das Fehlverhalten auch vorzumachen und die befürchteten Folgen auszusprechen, und Peter tut das.
4. Die Gruppe lässt nicht nach und regt zu weiteren, auch absurden Verschlechterungen an, die schließlich so lächerlich erscheinen, dass Peter selbst in Lachen ausbricht – und mit ihm auch die anderen Personen. Denn genau das ist das erhoffte befreiende Schlüsselerlebnis: Peter lacht die eigene Angst aus!
5. Zuletzt reflektiert Peter mit der Gruppe, was sich durch diese Übung in ihm bewegt hat, wie sein Gefühl jetzt ist

und ob er noch immer Angst vor der Angst hat. Die Gesprächspartner bedanken sich bei ihm für das bewiesene Vertrauen.

Frankl betont, dass die Angst nur Macht über uns hat, wenn wir vor ihr davonlaufen. Die Angst «sitzt uns dann im Nacken»! Sobald wir jedoch Mut fassen, uns umdrehen und der Angst ins Gesicht blicken, löst sie sich auf wie eine Nebelschwade. Genau das geschieht nun, wenn die Angstvorstellung nicht ignoriert oder unterdrückt oder verdrängt, sondern sogar noch übertrieben und vergrößert wird. Für den nachhaltigen Erfolg ist jedoch entscheidend, dass Peter nachher in der realen Situation auf die ersten Anzeichen seiner Verängstigung aufmerksam wird, sie genau beobachtet und sich dabei an die absurden Übertreibungen erinnert, die ihn zum Lachen gebracht haben. Sobald er lacht, steckt er nämlich nicht mehr in der Umklammerung der Angst, sondern gewinnt zu sich und zur Situation Abstand, wodurch er besonnen handeln kann.

Von Sympathie und Antipathie zur Empathie

Wie oben (Seite 40) erwähnt, hat Rudolf Steiner mit Nachdruck darauf hingewiesen, dass Sympathie und Antipathie unser Bild und unser Urteil über Dinge und über unsere Mitmenschen verfälschen. Durch Sympathie und durch Wunschdenken neigen Menschen dazu, jemanden sehr positiv zu sehen, ihn vielleicht zu idealisieren oder schwärmerisch zu verklären, und durch Antipathie werden nur noch störende Verhaltensweisen wahrgenommen und pauschalisiert. Letzteres nennt Steiner (Briefe an die Mitglieder, 1924, GA 260a) im Gegensatz zur «Positivschwärmerei» nun «Negativschwärmerei». Sympathie verführt im Übermaß dazu, sich zu weit zu öffnen, Nähe zu einem anderen Menschen zu suchen und sich an ihn zu verlieren, während Antipathie bewirkt, dass wir zu einem Menschen auf Distanz gehen und uns mehr und mehr verschließen, ja sogar abkapseln. Um diese Haltungen zu überwinden und wieder zu einer *maßvollen* Öffnung zu finden, dienen die beschriebenen Methoden der Wahrnehmungsklärung und des Perspektivenwechsels. Denn indem wir die Wahrnehmungsbilder des Konfliktpartners anhören und in uns zulassen und verstehen können, dass auch diese Sicht eine Berechtigung hat, beginnen wir, Empathie zu entwickeln und die abweisende Antipathie zu überwinden.

Das kann noch weitergeführt werden durch die Suche nach «Connectors», wie Dudley Weeks (Glasl/Weeks 2008, Seite 13) gemeinsame Bekannte, gemeinsame Erlebnisse sowie gemeinsame Interessen und Werte, die uns verbinden, nennt. Wir können auflisten, welche Personen wir gemeinsam kennen und mit denen sowohl mein Gegner als auch ich noch immer positive Beziehungen pflegen. Und wir können uns vorstellen, wie wohl diese Menschen über unseren Gegner denken und was sie nach wie vor als dessen Stärken und löbliche Eigenschaften schätzen. Ich rate dazu, diese gemeinsamen Freunde aus unserem Munde laut aussprechen zu lassen, wie sie zu unserem Gegner stehen. Die Wirkung kann noch verstärkt werden, wenn wir die verschiedenen Personen auf unterschiedlichen Stühlen sitzen und sprechen lassen, wie ich dies beim Gespräch des «inneren Teams» beschrieben habe. – Auch diese Übung führt uns aus der quasi-autistischen Gefangenschaft heraus und öffnet wieder unser Gefühl für den anderen Menschen.

Wir können uns lebhaft und detailliert auch in Erinnerung rufen, was wir in der Zeit vor Beginn des Konflikts oder zu Zeiten, als er noch nicht so eskaliert war, an der Person, mit der wir nun verfeindet sind, geschätzt haben und mit welchem Gefühl wir ihr damals begegnet sind. Auch wenn sich dabei manchmal etwas in uns sträubt und diese Erinnerungen von aktuellen negativen Gefühlen überlagert werden, sollten wir uns diese Gefühle eingestehen, dennoch aber bei der positiven Schau bleiben.

Derartige innere Vorbereitungen befähigen uns, in einer realen Begegnungssituation zum einen auf die eigenen Emotionen zu achten und gleichzeitig für die Gefühle der Gegenpartei empfänglich zu sein. Was wir jetzt empfinden, sollte nun mittels sogenannter «Ich-Botschaften» (siehe Glasl 2015, Seite 127f.) ausgesprochen werden: «Wenn ich heute an unsere letzte Auseinandersetzung denke, fühle ich mich etwas unsicher, denn ich mache mir Sorgen, wie wir da wieder herauskommen können … Deshalb bin ich sehr daran interessiert, von Dir zu hören, wie Du die Sache siehst und was Du dabei empfunden hast …» – Es muss aber unbedingt darauf geachtet werden, dass diese Aussagen keine «Du-Botschaften», also keine versteckten Vorwürfe oder Forderungen sind, weil das nur Ablehnung oder Rechtfertigung oder Gegenvorwürfe zur Folge hätte.

In einer Mediation kann – nach einer entsprechenden Einstimmung und Vorbereitung – die professionelle Drittpartei einen Konfliktpartner darum bitten, sich auf den Stuhl der anderen Person zu setzen, auch deren Körperhaltung anzunehmen und sich ganz in die andere Person einzuleben. Aus dieser Einfühlung heraus soll er sagen, wie er sich dabei als Gegenpartei fühlt und was er wohl in der Konfliktsituation gefühlt haben mag (das zeigt in Einzelheiten der Lehrfilm Ballreich/Glasl 2010, DVD 2 / Szene 8). Nachdem jede Seite ausgesprochen hat, was sie sozusagen «in der Haut der Gegenseite» empfindet, fragt die Mediatorin beide, ob sie sich von der Gegenpartei nun richtig verstanden fühlen. Es ist immer wieder verblüffend zu erleben, wie gut sich die Streitparteien in dieser Situation in die Gefühlslage der Gegenseite versetzen können. Das wird noch unterstützt, wenn Anna nach einer Aussage Brunos dazu eingeladen wird, mit eigenen Worten auszusprechen, wie sich Bruno gefühlt haben muss. Und Bruno spricht aus, was er als Annas Gefühle empfunden und verstanden hat.

Für das Erspüren und Benennen der eigenen und fremden Gefühle gibt Marshall Rosenberg (2001) mit Methoden seiner «Gewaltfreien Kommunikation» viele praktische Hilfen. Sein differenziertes Vokabular für die unterschiedlichsten Arten von Gefühlen trägt zu einer Vertiefung des gegenseitigen Verstehens bei, weil es nicht bei groben und abstrakten Andeutungen von Emotionen bleibt, sondern die feinen Schattierungen nachempfunden werden können. Auch Helga Kernstock-Redl und Béa Pall (2009) unterstützen mit ihrem «Gefühlsmanagement» den Prozess der Gefühlserforschung und -klärung, indem sie darauf hinweisen, dass für eine gute Bearbeitung die Unterscheidung zum Beispiel zwischen Gefühlen der Scham einerseits und der Wut andererseits sehr wichtig ist (siehe auch Kernstock-Redl 2010).

Von der Eigenliebe zur Nächstenliebe

Durch eine derartige Arbeit an den Gefühlen verändert sich die Haltung der Betroffenen von der Eigenliebe zur

Nächstenliebe. Sie können nun nicht bloß hören und zur Kenntnis nehmen, wie sich ihr ehemaliger Gegner gefühlt hat und sich auch jetzt im Klärungsgespräch fühlt, sondern sie gelangen durch das Einfühlen zum Mitfühlen. Sobald das geschieht, wird für alle Beteiligten Entspannung spürbar, mehr noch: Befreiung. Die Streitpartner können die Wirkung ihrer Worte und Taten auf den Gegner erkennen und anerkennen, sie können fühlen, welches Leid dadurch entstanden ist. Damit wird auch das Halbdunkel der dämonisierten Zone aufgehellt, sodass Unterstellungen und Zuschreibungen als solche erkannt werden. Der Knoten ist aber erst gelöst, wenn eine Partei sagt, wie sehr sie jetzt berührt ist und wie sie darunter leidet, dass sie – gewollt wie auch ungewollt, allein oder auch mit anderen Mitstreitern – dem Gegner dieses Leid angetan hat. Dann ist der entscheidende Schritt der emotionalen Wende getan, nämlich vom Mit-Fühlen zum Mit-Leiden zu gelangen, und von der Schadenfreude zum Mitleid.

Dieser Prozess erfordert gegenseitig höchste Achtsamkeit. Weil die Streitparteien dafür über ihren Schatten springen und ihre Scham überwinden müssen, geschieht es oft so subtil, dass es die Betroffenen gegenseitig leicht überhören und übersehen können. Aber weil ich als begleitender Mediator auf diese Wende gehofft habe, ist sie für mich zumeist ganz deutlich spürbar. Ich greife sie dann auf und sorge dafür, dass sie von den Beteiligten gegenseitig wahrgenommen und anerkannt wird. Wenn das nicht geschähe, wäre es für die Konfliktparteien sehr enttäuschend: Sie haben mühsam gerungen, haben sich endlich überwunden – und dann wird es vom Anderen nicht einmal bemerkt und quittiert!

Wenn die hier genannten Wendeerlebnisse gelingen,

übernehmen die beteiligten Personen mehr und mehr Verantwortung für ihr Gefühlsleben in all seinen Schattierungen zwischen Licht und Schatten; und sie stellen sich dem, was sie dem Gegner an Leid zugefügt haben als Faktum – gleichgültig, ob es gewollt oder ungewollt geschehen ist. Und es reift in ihnen von selbst das Bedürfnis, ihr Bedauern für das, was sie anderen angetan haben, zum Ausdruck zu bringen – und schließlich aus eigenem Antrieb um Verzeihung zu bitten. Die Menschen, die zuvor als Konfliktparteien nur Affekt-getrieben gegeneinander gehandelt haben, können sich aus der Gefangenschaft ihrer steuernden Emotionen befreien und einander so etwas wie «Amnestie» gewähren – oder noch besser: Vergebung schenken. Denn: Ohne Verzeihen gibt es keine nachhaltig wirksame Konfliktlösung!

Der «Intentionale Wendepunkt»

Wenn die unterschiedlichen Sicht- und Denkweisen erkannt und anerkannt worden sind und wenn in der Folge empathisches Fühlen wieder an die Stelle der Ego-Bezogenheit getreten ist, öffnet sich bei den Streitparteien leichter ein Zugang zur Willensebene. Als Erstes geht es darum, dass sie sich ihrer eigentlichen Bedürfnisse bewusst werden.

Das Streben nach Erfüllung dieser Bedürfnisse wirkt als Motivation für das private und berufliche Handeln der Menschen – und wenn immer die Befriedigung dieser Bedürfnisse gefährdet erscheint, entsteht Stress, der sich zur Spannung und zum Konflikt mit anderen Menschen auswachsen kann (Ballreich/Held/Leschke 2009). Der

Neurophysiologe und Psychiater Joachim Bauer (2011) zeigt sehr deutlich, wie friedliebende Menschen destruktives Verhalten an den Tag legen, wenn sie eine weitere Gefährdung eines Bedürfnisses nicht mehr ertragen können und für sie eine subjektive Schmerzgrenze erreicht wird. Viele Forscherinnen und Forscher haben untersucht, welche Bedürfnisse Menschen eigentlich haben und wie diese zu charakterisieren sind. Für das Verstehen von Konflikten hat sich die Kategorisierung von Abraham Maslow (1954) bewährt. Er unterscheidet vier Gruppen von universal-menschlichen Primärbedürfnissen:

1. *Physiologische Bedürfnisse:* Zum Leben und Überleben müssen wir essen und trinken, unseren Körper vor extremer Kälte und Hitze schützen, einen guten Rhythmus von Spannung und Entspannung, von Schlafen und Wachen beachten usw.
2. *Sicherheitsbedürfnisse:* Menschen wollen sicher sein, dass nicht jeden Moment ihr Leben gefährdet ist, dass sie vor Angriffen von Menschen oder vor Naturereignissen geschützt sind; und sie brauchen Geborgenheit und die Sicherheit, dass sie genug zum Leben haben, wenn sie einmal leistungsunfähig, krank oder alt werden.
3. *Psycho-soziale Bedürfnisse:* Menschen brauchen den Kontakt und Austausch mit Mitmenschen; sie suchen Gemeinschaft mit anderen Menschen, wollen akzeptiert, geachtet und anerkannt werden; sie streben nach Wertschätzung und wollen ein nützliches Glied der Gesellschaft sein usw.
4. *Existenzielle Ich-Bedürfnisse:* Menschen möchten in ihrer Selbständigkeit geachtet werden und frei nach

eigenen Moral- und Wertvorstellungen leben; sie haben das Bedürfnis, zu gestalten und zu schaffen; sie wollen ihre Weltanschauung und politische Überzeugung selbst wählen, sie streben nach dem Wahren, Schönen und Guten; sie wollen lernen, sich entfalten und entwickeln – und vor allem möchten sie autonom bestimmen, was sie als Sinn ihrer Existenz betrachten und wie sie ihr Leben danach gestalten. Das sind geistige Bedürfnisse.

Diese Kategorien Maslows haben sich immer wieder bestätigt, wenngleich sich seine ursprüngliche Annahme, dass erst die Bedürfnisse der niedrigeren Kategorie (z. B. 1) befriedigt sein müssen, bevor sich die Bedürfnisse der nächsthöheren Kategorie (Kategorie 2) bemerkbar machen, als falsch erwiesen hat. Wann welche Bedürfnisse vorrangig erlebt werden, ist durch kulturelle Prägungen und die individuellen Persönlichkeitsstrukturen geprägt. Das schmälert aber nicht den Wert der hier angeführten vier Kategorien, die auch aus anthroposophischer Sicht einleuchtend sind. Demnach beziehen sich Bedürfnisse der Kategorie 1 auf physische Gegebenheiten, der Kategorie 2 auf Ätherisches, der Kategorie 3 auf Astralisches und der Kategorie 4 auf das Ich, das Selbst, den geistigen Kern eines Menschen.

In der Metanoischen Mediation geht es nun zuerst darum, die eigenen Bedürfnisse zu erforschen und von Ersatzbedürfnissen zu unterscheiden, die im Konflikt verhaltensbestimmend geworden sind. Marshall Rosenberg (2001) hat viele sehr praktische Methoden entwickelt, die hierfür genutzt werden können.

Erkennen der eigenen Bedürfnisse: Was sind die eigentlichen Bedürfnisse und was sind Ersatzbedürfnisse?

In Konflikten tritt in allen seelischen Bereichen eine Regression auf, das heißt, wir fallen im Denken, Fühlen, Wollen und Handeln auf Muster zurück, die wir in unserer individuellen Entwicklung bereits durchschritten haben. Mit Regression ist also der (vorübergehende) Rückfall von einem höheren Reifegrad in einen früheren Entwicklungsstand gemeint: Reife vierzigjährige Männer und Frauen verhalten sich dann z. B. wie Pubertierende, oder wenn die Regression weiter voranschreitet, wie Schulkinder oder wie im Kindergarten.

Das geschieht auch im Erleben der Bedürfnisse. Wenn das Primärbedürfnis nach Wertschätzung und Anerkennung (Kategorie 3) nicht befriedigt wird, macht sich vielleicht ein starkes Verlangen nach Status und Prestige bemerkbar. Oder wenn das Bedürfnis nach freiem Gestalten und Schaffen (Kategorie 4) frustriert wird, dann kann dies in ein Verhalten umschlagen, das von Macht oder von einem heftigen Zerstörungsdrang getrieben wird und im Zerstören Selbstwirksamkeit erleben lässt.

Hinter jedem primitiveren Ersatzbedürfnis steht eigentlich ein ursprüngliches Primärbedürfnis, das nicht befriedigt werden konnte. Die Befriedigung von Ersatzbedürfnissen führt in Wahrheit gar nicht zu einer «Sättigung», sondern erzeugt noch mehr «Hunger»: Wer bekanntlich nach mehr Geld oder nach mehr Macht strebt, wird davon nie genug bekommen, sondern immer noch nach mehr verlangen. Macht ist in Wahrheit kein Nahrungsmittel, sondern ein Suchtmittel, weil es nicht wirklich sättigt – während das Primärbedürfnis der Selbstwirksamkeit, d.h.

zu gestalten und zu schaffen, zur Zufriedenheit mit dem Geschaffenen führt und Entspannung bewirkt.

Deshalb kann eine Selbsterforschung der eigenen Bedürfnisse anhand der folgenden Fragen geschehen:

- Welche Bedürfnisse sind in mir starke Treiber, die mein Bewusstsein immer wieder besetzen?
- Wie sehr engt sich mein Bewusstsein auf diese Treiber ein?
- Wie geht es mir, wenn diese Bedürfnisse in absehbarer Zeit nicht befriedigt werden können? Kann ich loslassen?
- Durch welche Erlebnisse sind diese Bedürfnisse in mir zum ersten Mal angestoßen worden? Was habe ich damals nicht bekommen können, was mir eigentlich wichtig war?
- Wenn ich auf diese Bedürfnisse selbstkritisch schaue: Für welche Phase meines Lebens waren das bestimmende Antriebe?
- Wie zufrieden macht es mich heute, wenn einer dieser starken Treiber befriedigt wird?
- Welche Wirkungen beobachte ich bei der Befriedigung dieser Bedürfnisse in meiner Umgebung? Welche Wirkungen sind erwünscht und welche sind unerwünscht?

Wenn wir bei diesen Fragen zu uns selber ganz ehrlich sind und uns nichts vormachen, werden wir die Primärbedürfnisse von den Ersatzbedürfnissen unterscheiden können. Es sind vor allem die Ersatzbedürfnisse, die viel zur Ausweitung der «dämonisierten Zone» beitragen. Deshalb ist es im Gespräch zwischen den Konfliktparteien wichtig, dass sie gegenseitig zur Kenntnis nehmen, welche Wirkungen und Nebenwirkungen sie beim Gegner und bei anderen Personen ausgelöst haben. Und sie müssen ehrlich aussprechen, was sie davon wirklich **nicht** gewollt haben. Bei der Beschreibung der emotionalen Wendeerlebnisse habe ich schon darauf hingewiesen, wie das Einfühlen zum Mit-Gefühl und Mit-Leiden führt. Und das ist jetzt die Voraussetzung für die Schritte der vertrauensvollen Annäherung zwischen den Parteien auf der Willensebene, wenn die ehemals verfeindeten Menschen offen und ehrlich aussprechen können, was ihre eigentlichen Bedürfnisse sind und was sie als Surrogate erkannt haben.

Die «Doppelgänger» haben sich aus dem Konfliktgeschehen Nahrung geholt

In meinem Buch «Selbsthilfe in Konflikten» (Glasl 2015, Seite 38 ff.) habe ich ausführlich beschrieben, dass jeder Mensch ein (1) *«Alltags-Ich»* hat, das in einem Spannungsverhältnis lebt zur eigenen (2) *«Lichtpersönlichkeit»* bzw. dem *«Höheren Selbst»* und zur (3) *«Schattenpersönlichkeit»* bzw. dem *«Doppelgänger»* – weitere empfehlenswerte Quellen zu dieser Thematik sind die Bücher von C. G. Jung (GW 7a, GW 7b), Olaf Koob (2005), Bernard Lievegoed (1979) und Rudolf Treichler (1981):

1. *Alltags-Ich:* Im täglichen Denken und Tun versuchen wir, unsere Ideale so gut es geht zu verwirklichen und dabei unsere Schwächen und Schattenseiten zu überwinden. Das ist eine permanente Herausforderung, den eigenen Ansprüchen und den Erwartungen anderer Menschen zu genügen.

2. *Höheres Selbst* bzw. *Lichtpersönlichkeit:* Unsere persönlichen Werte, Ideale und Ziele, unsere Vorstellungen davon, wohin wir uns entwickeln wollen, sind nicht eine Liste unserer Sehnsüchte, sondern sie konfigurieren sich auf ganz persönliche Weise und bilden zusammen etwas Wesenhaftes. In Momenten größter Herausforderung, aber auch in Situationen höchsten Glücks können wir dieses Wesen, das in uns keimhaft lebt, erleben oder sogar imaginativ schauen. Es spornt uns dazu an, unablässig an unserer Entwicklung arbeiten zu wollen. Durch Gebet oder Meditation können wir mit unserer Lichtpersönlichkeit in Verbindung treten und uns von ihr sozusagen Rat holen, wenn schwierige Entscheidungen anstehen.
In unserem Leben sind wir oft auch besonderen Menschen begegnet, die für uns gelebte Vorbilder sind, weil sie etwas verwirklicht haben, das wir in unserer Entwicklung selber auch anstreben. Sie haben Seiten unserer Lichtpersönlichkeit verkörpert. Wir können mit diesen Vorbild-Personen das innere Gespräch suchen und um Rat bitten, wenn wir in einer herausfordernden Situation sind.

3. *Schattenpersönlichkeit bzw. Doppelgänger:* Im Laufe unseres Lebens haben wir viele Schwächen ausgelebt, ja oft sogar gefährliche Wesenszüge entwickelt und durch unser Handeln in die Welt gesetzt. Sie sind mit uns verbunden und verfolgen uns wie der eigene Schatten. In biografischen Krisen wird die Spannung zwischen Licht und Schatten als schmerzhaft erlebt – oft als Überforderung. Und in tief eskalierten Konflikten konfrontieren Menschen einander ungefragt damit: Jeder hält dem

Feind das Schattenbild vor, als wäre er überhaupt nichts anderes als die Inkarnation allen Übels. Dass der Gegner mit seinem Alltags-Ich ringt, weil er seine Lichtseiten verwirklichen und seine Schwächen überwinden will, wird in Abrede gestellt. Streitende sehen in intensiven Konflikten vom Gegner nur noch die Doppelgänger und bekämpfen diese.

Die Tragik eines Konflikts besteht nun vor allem in einer merkwürdigen Paradoxie. Vordergründig bekämpfen die Konfliktparteien zwar gegenseitig die Schattenpersönlichkeiten, aber mit vielen Konflikthandlungen provozieren sie einander noch mehr, ihre dunkelsten Seiten zu leben. Intuitiv wissen sie in der Regel recht genau, mit welchen Worten und Taten sie den Doppelgänger des Gegners noch mehr reizen können – und sie nutzen möglichst jede Gelegenheit dazu. Wie der Volksmund sagt, füttert jeder den «inneren Schweinehund» im Gegner, sodass alle noch mehr «die Sau rauslassen».

Weil die Konflikte Nahrung für die Doppelgänger auf allen Seiten sind, empfiehlt sich eine Selbsterforschung. Folgende Fragen können dabei hilfreich sein:

- Durch welche Reizworte und Aktionen des Gegners fühle ich mich provoziert?
- Welche wunden Stellen werden dadurch in mir berührt? Was verletzt mich davon so sehr?
- Welche Kräfte werden dadurch in mir geweckt, die ich sonst in mir nicht zulasse? Welches «Tier» wird dadurch in mir gereizt? Wie lässt sich dieses Tier beschreiben?
- Wenn mein Schatten jetzt sprechen könnte: Was würde

er als sein Bedürfnis nennen? Was ist ihm jetzt wichtig, um seine Doppelgänger-Eigenschaften weiter entfalten zu können, um als Schatten noch mehr zu wachsen?
- Wenn jetzt meine Lichtpersönlichkeit sprechen könnte, was würde sie zum Schatten sagen? Was braucht mein Höheres Selbst, was bittet es mich zu tun, damit die Lichtseiten gestärkt werden?

Wenn ich als Konfliktpartei auf diese Weise mit mir selber im Gespräch bin, gehe ich anders auf den Gegner zu. Ich erlebe mich selbst als ringenden Menschen, der Licht und Schatten in sich trägt und sein eigenes «Tier» zähmen muss. Und ich reduziere dadurch den Gegner nicht auf sein Schattenwesen, sondern sehe sein Alltags-Ich ringen mit seinem Licht und seinem Schatten. Dadurch bekomme ich einen anderen Zugang zu meinen eigenen Bedürfnissen wie auch zu denen des Gegners.

Lösen von der Ego-Verkrampfung und Hinwenden zu den Bedürfnissen des Anderen

Durch die bisher beschriebenen Übungen der Selbsterforschung löst sich jede Seite mehr und mehr aus der kleinlichen Ego-Verkrampfung, die darin besteht, dass jeder nur seine eigenen vordergründigen Bedürfnisse befriedigt – und dabei zumeist nur die Ersatzbedürfnisse verfolgt. Es entsteht Einsicht darüber, was im Konflikt die eigenen Bedürfnisse gewesen sind und vor allem: was meine Bedürfnisse **nicht** sind. So geht es beiden Seiten.

Nun können sich die Konfliktpartner austauschen:

- Was vermutet Partei A: Was sind die eigentlichen Bedürfnisse der Partei B?
- Was vermutet Partei A: Was sind **nicht** die Primärbedürfnisse der Partei B?
- *Und vice versa:* Was denkt Partei B: Was sind die eigentlichen Bedürfnisse der Partei A?
- Und was denkt Partei B: Was sind **nicht** die Primärbedürfnisse der Partei A?

Eine alternative Form ist, dass sich jede Partei mit der Frage beschäftigt: «Welche Primärbedürfnisse hätte ich, wenn ich an der Stelle der Gegenpartei wäre?» Und: «Wie habe ich vermutlich durch mein Schatten-Verhalten den Schatten in der Gegenpartei gereizt oder sogar verstärkt?»

Zur Beantwortung dieser Fragen sollten sich die Konfliktpartner ausreichende Besinnungszeit nehmen und Notizen machen. Dies bietet gleichzeitig Raum für ein inneres Zusammenfassen und Bewusstmachen der bisherigen Wendeerlebnisse. Danach berichtet jede Seite der anderen, welche Bedürfnisse des Anderen sie vermutet hat – und auch, was deren Bedürfnisse **nicht** gewesen sein mögen. Jede Seite hört dies an und überprüft dabei, ob dies mit dem eigenen Empfinden übereinstimmt. Ich durfte als Mediator immer wieder erleben, wie sich durch so eine Aussprache die Reste der noch vorhandenen Spannung spürbar auflösten. Besonders ergreifend ist es, wenn jeder Partner dem Anderen bestätigen kann, wie gut er verstanden hat, um welche Bedürfnisse es dem Anderen wirklich geht.

Aus dem gegenseitigen Abweisen der Bedürfnisse des Gegners wird ein gegenseitiges Anerkennen der Bedürfnisse des Anderen

Wenn die Menschen einander offen begegnen, zeigt sich oft zu ihrem Erstaunen, dass es bei all dem gar nicht um ausgefallene Dinge geht, sondern um ganz elementare, universelle menschliche Bedürfnisse. Immer wieder werden die von Maslow kategorisierten Primärbedürfnisse genannt, auch von Menschen aus sehr unterschiedlichen Kulturen. Durch dieses Vorgehen werden die bisherigen gegenseitigen Unterstellungen angesprochen und zurückgenommen und es findet eine Begegnung von Mensch zu Mensch statt.

Nun gilt es zu beachten, dass *ähnliche Bedürfnisse* nicht immer *gemeinsame Bedürfnisse* sind (siehe Glasl/Weeks 2008, Seite 171 ff.). Wenn zwei Menschen konkurrierende Kandidaten um die Funktion des Vereinsvorsitzenden waren, sind ihre Bedürfnisse zwar ähnlich, aber nur einer kann zum Vorsitzenden gewählt werden. Diese Bedürfnisse beider sind inkompatibel, d.h. unvereinbar. Anders ist es, wenn sie auf diese Weise entdecken, dass die Befriedigung eines Bedürfnisses der einen oder der anderen Seite durch Kooperation besser erreicht werden kann als durch Konkurrenz – wenn beispielsweise beide wollen, dass die Vereinstätigkeit in der Öffentlichkeit mehr Anerkennung finden soll. *Gemeinsame Bedürfnisse*, wie z.B. die Stärkung des Vereins, können durch das Handeln der einen wie auch der anderen Seite und auch in Kooperation befriedigt werden. Gemeinsame Bedürfnisse zu entdecken geht leichter, wenn sich die Konfliktpartner darauf besinnen, welche «Connectors» (Glasl/Weeks 2008, Seite 13, 36) sie haben: Das können – wie oben schon einmal erwähnt – gemeinsame Werte, Ziele, Ideen, Interessen, Personen, Gemeinschaften oder Erlebnisse und anderes sein. Doch hier lauert auch eine Gefahr: Wenn die bisher zerstrittenen Parteien so viel Verständnis füreinander zeigen, könnte daraus auch ein «Egoismus zu zweit» werden. Hier hilft es, sich das weitere Umfeld ins Bewusstsein zu rufen: «Welche Bedürfnisse hat wohl unsere Schule? Unsere Pfarrgemeinde? Unser Unternehmen?» Wenn sie diese identifizieren, sollten sich die Konfliktpartner fragen, wie wohl die Bedürfnisse dieser Personen oder Gemeinschaften lauten können, wenn sie diese als Bitten äußern würden.

Die Bedürfnisse der Beziehung zwischen den ehemaligen Streitparteien

Für eine nachhaltig wirksame Konfliktlösung ist es auch wichtig, die Beziehung zwischen den ehemaligen Streitparteien wie ein eigenes, drittes Wesen zu betrachten, das eigene Bedürfnisse hat. Und diese Bitten an die Konfliktparteien lauten vielleicht: «Nehmt Euch Zeit für mich! Seid achtsam, ob sich nicht wieder Anzeichen von ersten Störungen zeigen! Befragt mich öfters, wie es mir geht, ob ich noch gedeihe und gesund bin! Pflegt mich!» Auf diese Weise ändert sich auch die Suche nach Konfliktlösungen, weil an die Stelle von gegenseitigen Forderungen nun gegenseitige Angebote getreten sind.

Diese Haltung kann noch verstärkt werden. Für die Konfliktbearbeitung in Gemeinschaften lade ich die Menschen oft ein, in Stille ein inneres Gespräch mit ihrem *Höheren Selbst* zu suchen und ihm die Frage vorzulegen: «Was wünscht Du, das ich für Dich tun soll? Womit kann ich Dich stärken?» Und ich bitte sie darüber hinaus, während einer stillen Nachdenkpause von etwa 3 Minuten auch den *Schutzengel* ihrer Gemeinschaft zu fragen: «Was brauchst Du, damit Du Dich gut entfalten kannst? Was kann ich dazu beitragen?»

Auf einer DVD (F. Glasl / M. Varga von Kibéd 2008) ist gefilmt zu sehen, wie ich Menschen in einer interaktiven Farbübung einlade, non-figurativ – d.h. nur mit Farben, Strichen und Flächen – zum Ausdruck zu bringen, wie die Familienmitglieder eines Familienunternehmens im Konflikt tatsächlich miteinander umgehen, wenn ihr Verhalten von den Schattenseiten bestimmt wird. Und nach einer Reflexion der so abgebildeten Beziehungsqualität lade ich sie ein, erst mit dem eigenen Höheren Selbst und dann auch mit dem «Schutzgeist» des Unternehmens ein inneres Gespräch zu führen und von der Lichtpersönlichkeit Hinweise zu erbitten, was jeder zur Verbesserung beitragen könnte. Und das wird anschließend wieder interaktiv malend umgesetzt und anschließend gemeinsam reflektiert. Aus den Beiträgen zur Verbesserung werden danach ganz konkrete Aktionen abgeleitet, diskutiert und im Unternehmen umgesetzt.

Durch Denk- und Gesprächsanstöße, wie ich sie oben beschrieben habe, kann es zu einer wirklichen Wende im Wollen der Menschen kommen. Sie übernehmen Verantwortung für sich, für das Wohl des Anderen, für das Gedeihen der Beziehung zwischen ihnen und für die Gemeinschaft, in der sie leben und arbeiten. Und sie werden aktiv für die Nöte, deren sie sich auf diese Weise bewusst geworden sind.

Mich hat als Mediator am meisten berührt, wenn die vormaligen Feinde erkennen konnten, dass zwischen ihnen eigentlich eine Schicksalsgemeinschaft besteht (ausführlich dargestellt in Glasl 2008) und dass sie einander brauchen für ihre eigene persönliche Entwicklung.

Das Wendeerlebnis im Bereich des Wollens berührt die Menschen tiefer als die vorher durchschrittenen kognitiven und emotionalen Wendeerlebnisse. Es wird durch stimmige Taten besiegelt.

Gesamtbild der Metanoischen Mediation

Die neu entstandene Qualität der Beziehung gewährleistet die Nachhaltigkeit der gefundenen Lösungen. Das Leid, das der eine dem Anderen im Konflikt zugefügt hat, bekommt hinterher – durch die konstruktive Aufarbeitung der inneren und äußeren Ereignisse – einen Sinn. Sie haben sich aneinander gerieben, um sich unbewusster Muster bewusst zu werden. Durch die Konfrontation begannen sie ihr wirklichkeitsfremdes und schmeichelhaftes Selbstbild zu hinterfragen und in der Folge abzubauen. So ist durch die Konfliktbearbeitung eine Lernpartnerschaft entstanden. Das geschah auf eine sehr berührende Weise in einer Organisationsmediation, die ich an anderem Ort detailliert beschrieben habe (Glasl 2014a, Seite 323 ff.). Nach solchen Wendeerlebnissen ist die Suche nach Lösungen nicht mehr ein gegenseitiges Fordern und Feilschen, sondern die Bearbeitung der Probleme, die zum Konflikt geführt haben, ist ein gemeinsames Anliegen, das sie auch gemeinsam schaffen wollen. Deshalb gefährdet es die gefundene Vertrauensgrundlage nicht, wenn die Lösungsoptionen nüchtern und realistisch überprüft werden:

- Wie fühlt es sich an, wenn die Lösungsoptionen umgesetzt werden?
- Werden durch die gefundenen Lösungen die Interessen und Bedürfnisse anderer Menschen oder Gruppen berührt oder sogar beeinträchtigt?
- Welche unerwünschten Nebenwirkungen könnten auftreten?
- Was ist zu tun, wenn die Umsetzung aus irgendwelchen Gründen erschwert wird?
- Was soll geschehen, wenn später an der Bereitschaft zur konsequenten Umsetzung gezweifelt wird? Wie soll dazu Kontakt aufgenommen werden?
- Wann sollen das erzielte Ergebnis und dessen Umsetzung miteinander reflektiert werden?

Nachdem die Güte der Lösungen sowohl gefühlsmäßig wie auch rational überprüft worden ist, wird die Gefahr möglicher Enttäuschungen geringer. Das ist eine solide Basis für weitere Aktionen.

Die vier entscheidenden Wendeerlebnisse einer Metanoischen Mediation sind in der Reihenfolge beschrieben worden:

1. Initial-Wendepunkt
2. Kognitiver Wendepunkt
3. Emotionaler Wendepunkt
4. Intentionaler Wendepunkt.

Das ist durchaus eine organische Schrittfolge. Der *Initial-Wendepunkt* steht immer am Beginn einer gemeinsamen Konfliktlösung. Danach ist es leichter, an den *Kognitiven Wendeerlebnissen* zu arbeiten, weil Wahrnehmungen und

Denkmuster leichter bewusst zu machen sind als Gefühle und Bedürfnisse. Sie liegen sozusagen mehr an der Oberfläche des seelischen Geschehens. Aber auch beim Perspektivenwechsel und bei metakognitiven Reflexionen geschieht schon vieles in der Welt der Gefühle, denn nur mit Empathie und einer gewissen Zuwendung zum Anderen kann es gelingen, die Bilder und Gedanken gegenseitig zu erkennen und anzuerkennen. Damit werden auch schon die emotionalen Wendeerlebnisse etwas aufbereitet, um später noch vertieft zu werden. Bei der Arbeit an den *Emotionalen Wendeerlebnissen* können noch weitere Wahrnehmungen und Denkmuster der Beteiligten zur Sprache kommen und vertieft werden. Durch die empathischen Zuwendungen auf der emotionalen Ebene werden die erforderlichen Voraussetzungen für *Intentionale Wendeerlebnisse* geschaffen. Und auch dabei kann es wiederholt zu weiteren Vertiefungen der Emotionalen Wendeerlebnisse kommen.

Bei der hier empfohlenen Schrittfolge geht es nicht um das äußerliche Abhaken eines Phasenschemas. Es kommt bei allem einzig und allein darauf an, ob bestimmte seelische Qualitäten entstehen konnten. Mit dieser Schrittfolge entwickeln sich verschiedene Arten von Empathie, für die von der aktuellen Neuropsychologie auch unterschiedliche «neuronale Routen» im Gehirn festgestellt wurden (siehe Singer, T./Ricard, M. 2015, S. 40 ff.). Es sind zu unterscheiden:

- *kognitive Empathie* als Fähigkeit, sich in das Denken und die Vorstellungen eines Anderen zu versetzen;
- *emotionale Empathie* als Einfühlungsvermögen in die Gefühle eines Anderen, das von *Ein*fühlen zu *Mit*fühlen, d. h. *Mitleiden* und *Mitfreuen* intensiviert wird;

- *intentionale Empathie* als intuitives Erfassen dessen, was im Wollen des Anderen lebt.

Das merken die Konfliktparteien an sich selber und das beobachten sie auch an der Haltung und am Verhalten ihres Gegenübers. Und das müssen Mediatorinnen oder Berater in der lebendigen Situation wahrnehmen können. Davon hängt es ab, ob sie den nächsten Schritt versuchen können, oder ob sie vielleicht wieder einen Schritt zurück machen müssen, um den natürlichen Klärungs- und Entwicklungsprozess nicht zu überstürzen.

Es ist jedoch möglich, dass mit einem *Lösungs-fokussierten Mediationsansatz* (siehe Bannink 2009; Röhrig/Scheinecker 2019) nach dem Initial-Wendepunkt sehr direkt ein Bild einer erstrebten *Zukunft ohne Konflikt* erarbeitet wird und dass sich die Beteiligten auf konkrete Verhaltensweisen einigen, mit denen der Konflikt gelöst werden soll. Bei Konflikten, die erst am Beginn der Eskalation stehen, kann dies sehr gut gelingen. Anders ist dies, wenn durch die Eskalation schon polarisierte Selbst- und Feindbilder und Risse im Vertrauen aufgetreten sind und wenn die Konfliktpartner auch nach der Vereinbarung in irgendeiner Weise miteinander eine Beziehung aufrechterhalten müssen, um die Lösung umzusetzen. Dann hängt auch beim Lösungs-fokussierten Vorgehen die Nachhaltigkeit der erzielten Ergebnisse davon ab, ob sich die Menschen von ihren bisherigen Bildern und Interpretationen lösen können, ob sie sich in die andere Seite einfühlen können und Verantwortung für deren Befindlichkeit übernehmen, und ob sie die Bedürfnisse der Beteiligten und Betroffenen kennen und anerkennen wollen. Solange sie noch den alten Bildern und Denkweisen, den alten Gefühlen und Absichten verhaftet sind, bewegen sie sich mit den vereinbarten Lösungen auf einer dünnen Brücke, die jederzeit einbrechen kann, wenn bei der Umsetzung Zweifel aufkommen. Denn die alten Bilder sind sehr mächtig und steuern das Verhalten (Hüther 2006). Im Interesse der Tragfähigkeit der Beziehung wird es nötig sein, dass kognitive, emotionale und intentionale Veränderungen eingetreten sind.

Der Schlüsselbegriff für die von mir empfohlene Mediation ist «Metanoia», also innere Umkehr, innere Wende. Wenn Menschen nicht über ihren Schatten springen und sich nicht verändern, wird sich auch in der äußeren Situation nicht wirklich etwas ändern. Sobald später wieder Spannungen aufkommen, wird dann die Enttäuschung desto größer sein. Und in der Folge geht dann der Konflikt in die nächste Runde – aber mit Sicherheit um einiges heftiger, weil die enttäuschende Erfahrung eine vergiftende Wirkung hat. Und das könnten sich die Konfliktpartner ersparen.

Konfliktscheu schützt nicht vor Konflikten und Streitlust löst keine Konflikte

Manche Menschen sind *Heißsporne*, die stolz darauf sind, dass sie keiner Konfrontation aus dem Weg gehen, ja mehr noch, dass sie diese sogar suchen. Den anderen Menschen sagen sie schonungslos ins Gesicht, was sie von ihren Schwächen finden, sie vertreten rücksichtslos ihren eigenen Standpunkt und präsentieren unverblümt ihre Forderungen. Sie gelten als extrovertiert und streitlustig, aber eigentlich schätzen sie eine ebenbürtige Gegenpartei, die mit ihnen die Klingen offen kreuzt. Sie halten sich an das Sprichwort: «Wo gehobelt wird, fallen Späne!»

Doch es gibt auch introvertierte, äußerlich *kühle Menschen*, die einer offenen und harten Auseinandersetzung am liebsten aus dem Weg gehen. Wenn sie angegriffen werden, schlagen sie nicht direkt zurück, sondern schlucken den Ärger (zunächst) hinunter. Zwar lassen sie sich nicht anmerken, wie sehr sie ein Vorwurf oder ein Angriff gerade verletzt hat, aber der seelische Schmerz wühlt sie innerlich doch auf. Und sie warten auf die Gelegenheit zum Zurückschlagen – jedoch so, dass sie sich selbst keiner weiteren Gefahr aussetzen. Oft ist ein anderes Sprichwort für sie ein Trost: «Wer zuletzt lacht, lacht am besten!»

Ich spreche hier von Menschentypen, die zu der einen oder anderen Haltung neigen. Auch wenn es gefährlich ist, Individuen in Schubladen zu stecken, lassen sich im Alltag doch häufig vorkommende Einstellungen und Verhalten*stendenzen* charakterisieren. Die einen wie die anderen Menschen gehen von Erfahrungen und Überzeugungen über den Nutzen und Schaden offen ausgetragener Konflikte aus und lassen sich im Handeln davon leiten (siehe dazu ausführlich mein Buch «Selbsthilfe in Konflikten», Glasl 2015, Seite 11 ff.).

Die *Heißsporne* sind im Allgemeinen davon überzeugt, dass durch Konflikte geistiger Stillstand vermieden und eine gesunde Entwicklung gefördert werden, nach der alten (meist einseitig zitierten) griechischen Auffassung: «Der Streit ist der Vater aller Dinge.» Deshalb nehmen sie keine Rücksicht auf Empfindlichkeiten und vertreten geradeheraus ihre Positionen. Sie meinen, dadurch die Differenzen lösen zu können, übersehen aber, dass nicht nur die von ihnen gewollten Wirkungen auftreten, sondern auch viele nicht gewollte Nebenwirkungen. Und dadurch entsteht die dämonisierte Zone. Streitlust löst keine Konflikte, sondern schafft noch zusätzliche!

Anders die *kühlen Menschen:* Sie leiden unter der spontanen Dreistigkeit der Heißsporne, ziehen aber lieber eine bedächtige, beherrschte und vorsichtige Gangart vor, nach dem Motto: «Der Klügere gibt nach!» Sie sind sich dessen bewusst, wie viel Porzellan durch Streit und Kampf zerschlagen werden kann, und gehen deshalb einer offenen Auseinandersetzung am liebsten aus dem Weg. Ihre Hoffnung, dass sich dadurch die Konflikte von selbst lösen, geht aber in den meisten Fällen nicht in Erfüllung, denn auch dieses Verhalten hat ungewollte Nebenwirkungen. Ob heiß oder kalt gestritten, die dämonisierte Zone wächst und die Probleme werden dadurch nicht weniger, sondern mehr. Konfliktscheu schützt eben nicht vor Konflikten.

Wie ist es nun bei einem Streit zwischen zwei Individuen?

Ein *Heißsporn* kann sich mit einem anderen Heißsporn schlagen und sich über den Schlagabtausch sogar freuen. Beide sind in ihrem eigenen Element. Der Kampf geht dann weiter, bis die eine Seite deutlich gewinnt und die andere das Feld räumt, oder bis beide sich völlig verausgabt haben und erschöpft zusammenbrechen, oder bis beide zur Einsicht kommen, dass eine gemeinsame Lösung des Problems vielleicht besser wäre.

Bei einem Konflikt zwischen zwei konfliktscheuen, *kühlen Menschen* ist oft äußerlich vom Konflikt nicht viel zu hören und zu sehen. Beide Seiten haben Angst vor direkten Konfrontationen und suchen im Geheimen nach passenden Gelegenheiten, den Anderen zum Nachgeben zu zwingen. Auch in dieser Streitform sind beide Menschen in ihrem Element. Die äußere Stille soll darüber hinwegtäuschen, dass diese Menschen innerlich doch von starken negativen Gefühlen getrieben werden. Sie mögen dies oft lange Zeit aushalten, ohne sich etwas anmerken zu lassen, aber irgendwann läuft das Fass über. Dann kann es durch einen nichtigen Anlass plötzlich zu einem völlig überraschenden Ausbruch kommen, vielleicht sogar zu einem Amoklauf.

Wenn nun ein *Heißsporn* mit einem *kühlen Menschen* zusammenstößt, ist der Ausgang dieses Konflikts zunächst sehr ungewiss. Beide werden versuchen, die Auseinandersetzung in die von ihnen bevorzugte Form der Auseinandersetzung zu steuern – mehr offen und direkt oder mehr verdeckt und indirekt. Das führt für kurze Zeit zum «Konflikt über den Konflikt» und zum «Konflikt über die Konfliktlösung», bis schließlich die eine oder andere Streitform den Ton angibt. Der Kampf um die bestimmende Form der Konfliktaustragung ist immer ein Kampf um die Macht: Wer bestimmt die Spielregeln und wer kennt die Kniffe des Spiels besser? Denn das heißt: Wer kommt dadurch in den Genuss eines «Heimvorteils»?

Wenn der Konflikt jedoch mit ungleichen Waffen eskaliert, werden früher oder später einzelne Menschen aus der Umgebung der beiden Personen in den Streit hineingezogen, oder der Streit zweier Individuen weitet sich aus zum Konflikt einer Gemeinschaft. Damit kommen aber noch andere Kräfte ins Spiel, weil die Konfliktaustragung jetzt nicht nur von den Persönlichkeitsstrukturen zweier Menschen bestimmt wird. Es spielen noch andere Faktoren mit.

Heiße und kalte Konflikte in Gemeinschaften

So wie es Menschen mit verschiedenen Persönlichkeitsstrukturen gibt, so können wir bei Gemeinschaften von unterschiedlichen *Konfliktkulturen* sprechen. Jede Familie hat ihre besondere Kultur mit ausgesprochenen und ungeschriebenen Spielregeln; in jeder Gemeinschaft oder Organisation gelten explizite und implizite Gebote und Verbote. Diese werden durch Sanktionen durchgesetzt, d. h., mittels Belohnung oder Bestrafung. Sanktionen können verschiedene Formen annehmen: Finanzielle Vorteile oder Nachteile, Aufstieg oder Degradierung, Lob oder Tadel, Anerkennung oder Missgunst, Nähe oder Distanzverhalten, Zuwendung oder Ablehnung usw. Wenn ein Mitglied der Gemeinschaft gegen diese Normen verstößt, bekommt es den Unmut anderer Mitglieder zu spüren und wird zur Ordnung gerufen und auf vielerlei Weise unter Druck gesetzt. Im schlimmsten Fall droht einer regelverletzenden

Person der Ausschluss aus der Gemeinschaft. Das erzeugt einen Anpassungsdruck auf die Mitglieder, sodass sie ihre persönlichen Meinungen und Ansprüche lieber zurückstellen und sich anpassen, als sich mit der ganzen Gemeinschaft anzulegen.

Aufgrund meiner Berufserfahrung mit Hunderten von Organisationen unterscheide ich zwei gegensätzliche Konflikttypen in Gruppen oder Teams und in größeren Gemeinschaften und Organisationen aller Art: Diese zwei grundverschiedenen Tendenzen der Konfliktaustragung nenne ich «heiße» und «kalte» Konflikte.

Eigentlich sollte ich nicht von «heißen», sondern von «überhitzten» Konflikten und nicht von «kalten», sondern von «unterkühlten» Konflikten sprechen. Warm und kalt sind an sich nicht schlecht, sondern lebensnotwendige Qualitäten – nur die Überspitzungen und Einseitigkeiten sind problematisch. Ich vergleiche das mit dem menschlichen Organismus, der nur erstaunlich geringe Schwankungen der Eigentemperatur erträgt, nämlich bloß 5 Grad Celsius! Wenn die Körpertemperatur für einige Zeit unter 36 Grad sinkt oder über 41 Grad steigt, besteht akut Lebensgefahr. Unterkühlung und Überhitzung sind also lebensbedrohlich. Deshalb muss – in Analogie sprechend – für die wirkungsvolle Bearbeitung von Konflikten eine lebensfreundliche Wärme geschaffen werden. Bei der Konfliktbearbeitung geht es darum, die Überhitzung bzw. die Unterkühlung zu einer lebenserhaltenden Temperatur zu wandeln.

Im folgenden Schema stelle ich vorerst in Stichworten die beiden Tendenzen dar, die durch die beiden Cartoons (meines Sohns Eelco-Marius Glasl) noch überzeichnet werden, und danach gehe ich detaillierter auf sie ein.

Heißer Konflikt	Kalter Konflikt
Begeisterung für Ideen: Bekehrungseifer.	Gegenseitig Begeisterung dämpfen.
Erreichungsziele!	Verhinderungsziele!
Gegenpartei überzeugen, Anhänger gewinnen, Eroberung, Expansion	Gegenpartei desillusionieren, blockieren, Abbröckeln des Zusammenhalts, Erosion
«Explosionen», Übereifer	«Implosionen», Frustration, Sarkasmus
Parteien suchen Reibung, Widerspruch!	Rückzugshaltung, Begegnung vermeiden
«Überfüllter Marktplatz!»	«Soziales Niemandsland»
Regeln und Prozeduren übergehen	Wuchern unpersönlicher Prozeduren
Überlegenheitsgefühl, Euphorie Selbstüberschätzung, Siegesrausch	***Ohnmacht, kollektive Depression, zerstörtes Selbstwertgefühl***

Bei einer Großveranstaltung vor Führungskräften der Stadtverwaltung München habe ich die typischen Verhaltensmuster heißer und kalter Konflikte in Kurzvorträgen vorgestellt. Dazu wurden von zwei Schauspielerinnen und einem Schauspieler in einem Improvisationsspiel kurze Szenen gezeigt, die für diese beiden Austragungsformen typisch sind. Die dabei produzierte DVD und das begleitende Booklet bieten ein gutes Übungsmaterial für die Schulung der Wahrnehmung (Glasl 2012c). Die obigen Cartoons und die jetzt folgende Beschreibung der Verhaltensmuster können für das rechtzeitige Erkennen und Bearbeiten der Konflikte hilfreich sein. Denn bei der Konfliktarbeit muss vor allem bei den ersten Schritten Rücksicht genommen werden auf die unterschiedlichen Formen. Bei erfolgreicher Wirkung der ersten Interventionen gleicht sich später das Vorgehen in beiden Situationen an.

Heiße (überhitzte) Konflikte

Die Grundstimmung des heißen Konflikts ist am Anfang ein starker Optimismus. Die Konfliktparteien kämpfen in erster Linie **für** etwas, und nur notwendigerweise **gegen** etwas, nämlich gegen die «irrigen Auffassungen» des Partners. Den Streitpartnern geht es im heißen Konflikt vor allem darum, ihre Idealvorstellungen, die ihren Positionen und Forderungen zugrunde liegen, gegen das Unverständnis des Gegners durchzusetzen. Sie werden von «Erreichungszielen» angetrieben.

Dass sich dabei der Partner durch solche Bekehrungsbemühungen gebremst oder die Partnerin in ihren Anliegen nicht anerkannt fühlt, ist für die erhitzt Kämpfenden eine unvermeidliche Begleiterscheinung und weckt heftige Emotionen. Aber das nehmen sie einfach in Kauf. Das obige linke Bild zeigt, dass sich die Streitenden nicht scheuen, ihre Wut und ihren Ärger zu zeigen. Beide Konfliktparteien sind sehr erregt und verleihen ihren «negativen» Gefühlen, nämlich Ärger und Wut, deutlich Ausdruck. Wenn die Frau angreift, dann tut sie das offen und exponiert sich, für alle sichtbar, als Aggressorin. Und wenn sich der Mann durch verbale oder tätliche Angriffe geschädigt oder verletzt fühlt, dann verbirgt auch er seine Emotionen nicht. Freude und Schadenfreude, Lust und Schmerz, Ärger und Enttäuschung, Triumph und Wut werden unverblümt gezeigt, oft sogar in übertriebener Weise.

In heißen Konflikten lassen sich immer wieder emotionale «Explosionen» der Konfliktparteien beobachten: Die Frau steigert sich in eine Schimpftirade hinein und der Mann bekommt einen Wutausbruch. Beide zeigen durch expressives Verhalten, wie ihnen zumute ist.

Im Laufe der Auseinandersetzungen werden negative Energien geweckt und gesteigert. Es kommt zu einem emotionalen Stau, der zu schnellen und heftigen Entladungen drängt wie ein reinigendes Gewitter. Das richtet zwar Schäden an, lässt aber die Streitenden hinterher für kurze Zeit wieder aufatmen … bis wiederum Stau entsteht und sich das nächste Gewitter zusammenbraut. Die dämonisierte Zone wächst schubweise.

Die Streitenden leiden gewiss unter dem Konflikt, doch wenn er noch nicht zu sehr eskaliert ist, schätzen es beide durchaus, wenn ein Gegner oder eine Partnerin mit gleich starken Waffen zurückschlägt. Der Mann in dem Bild spürt so die Präsenz der Gegnerin, sie ist für ihn greifbar und angreifbar. Und der Frau geht es ähnlich. Auch wenn beide immer wieder hart aufeinanderprallen, so wissen sie doch, woran sie sind. Und das schätzen sie – trotz aller Feindseligkeit! Deshalb kann es bei heißen Konfrontationen manchmal zu unvermuteten, respektvollen Begegnungen mit der anderen Seite kommen, wie bei einem sportlichen Wettkampf zwischen ebenbürtigen Partnerinnen und Partnern. Allerdings geht diese Anerkennung einmal verloren, wenn der Konflikt rücksichtslos eskaliert ist und die Kämpfenden nicht mehr an die moralische Integrität des Anderen glauben können (siehe Glasl 2015, Seite 268 ff.).

Für heiße Konflikte ist überdies charakteristisch, dass sich die Streitparteien zu ihrer *persönlichen Gewaltanwen-*

dung bekennen – von der psychischen und verbalen Gewalt bis zur körperlich-physischen Gewalt. Aber sie stehen zu ihren Taten und leugnen nicht ihre Täterschaft.

Ganz anders ist die Tendenz bei kalten Konflikten.

Kalte (unterkühlte) Konflikte

Viele Konflikte haben zwar hitzig begonnen, mutieren aber nach einiger Zeit vergeblicher Bemühungen zur kalten Austragungsform, wenn die Streitenden nicht mehr glauben, dass sie ihre eigenen Ideen und Ansprüche verwirklichen können. Alle Kraft konzentriert sich nunmehr darauf, die Durchsetzung der Idee der Gegenpartei zu verhindern. An erster Stelle stehen hier die *Verhinderungsziele,* nicht die Erreichungsziele. Aus der Offensive ist eine verbissene Defensive geworden. Und in kurzer Zeit gibt es auf beiden Seiten nur noch gegenseitiges Verschanzen und verbissene Abwehr.

Auf dem rechten Bild über dem Schema kommt deshalb zum Ausdruck, dass sich die Streitenden hinter einem sicheren Schutzwall verschanzen, um die Angriffe der Gegenseite abzuwehren. Sie erscheinen nur ungern auf der Vorderbühne, weil sie zur Zielscheibe werden könnten. Am liebsten möchten sie nur im Bühnenhintergrund agieren und selbst unsichtbar bleiben, wenn sie zum Gegenschlag ausholen.

Sie exponieren sich auch nicht mit ihren Emotionen, sondern sind bemüht, ihre Verärgerung und Verletztheit *nicht zu zeigen.* Sie empfänden es als Schande und Schwäche, wenn die Gegenseite sehen könnte, wie tief sie durch eine Bemerkung oder Aktion getroffen worden sind. Denn dann könnte der Gegner Schadenfreude empfinden und noch mehr auf die offene Wunde schlagen – doch das gönnt ihm die Partnerin auf keinen Fall! Nichtsdestoweniger ist aber ihre Verärgerung da, die sie immer wieder hinunterschluckt. Das führt bei beiden zu einem Stau negativer Gefühle. Zorn oder Angst können jedoch nicht offen ausgelebt werden, wodurch es – anders als im überhitzten Konflikt – auch nicht zu einer befreienden Entladung kommt. Trotzdem wird zerstörerisch gehandelt und jede Aktion löst eine Reaktion aus. Weil aber die Streitenden nach jedem Schlag untertauchen, sehen sie nicht, was sie – gewollt oder ungewollt – der Gegenpartei angetan haben. So breitet sich die dämonisierte Zone langsam, aber stetig aus.

Mit der Zeit richten sich jedoch die negativen Gefühle einer Partei gegen sich selbst. Im obigen rechten Bild sind zwar die Frau und der Mann als Streitende in einer eigenen Festung versteckt und damit unsichtbar, aber hinter der Verschanzung kämpfen sie. Die Frau wird mit ihrem eigenen Auftreten immer unzufriedener und macht sich Vorwürfe, dass sie nicht schlagfertig genug agiert hat, oder dass sie auf Täuschungsmanöver hereingefallen ist, usw. Also geht jetzt ihre Aggression «nach hinten ab», indem sie auf sich selber wütend wird und ihre Energien dadurch bindet. Ihr Ärger über sich selbst entlädt sich in «Implosionen». Das sind Selbstvorwürfe und Selbstbezichtigungen, Enttäuschung, Trauer und Schmerz, Verzweiflung und Entmutigung sowie Wut auf sich selbst – vor allem aber bedrückt sie das Erleben der Wirkungslosigkeit ihres Kampfes.

Nicht viel anders sieht es bei dem (im Bild nicht sichtbaren) Mann im kalten Konflikt aus. Auch er ist nicht mehr darauf aus, seine positiven Ideen durchzusetzen, sondern investiert mehr und mehr Energie in das Abwehren, Bremsen und Blockieren seiner Partnerin. Das geschieht durch zynische Bemerkungen, durch ironisierende Abwertungen und das gezielte Zerstören des Selbstvertrauens der Gegnerin. Und die Gegnerin antwortet ihrerseits gleichfalls mit sarkastischen und ätzenden Äußerungen.

So entsteht die Grundstimmung des kalten Konflikts und wird Zug um Zug stärker: Niedergeschlagenheit, Gefühle von Ohnmacht und Kraftlosigkeit, tiefe Zweifel an der Sinnhaftigkeit der Auseinandersetzung. Das Selbstwertgefühl wird nach und nach ausgehöhlt. Früher oder später wächst sich das alles zu einer Depression aus. Wie Joachim Bauer (2008, Seite 199ff.) drastisch zeigt, kommt es bei Menschen in sogenannten «professionellen Berufen» (sie erbringen kreative, eigenverantwortliche Dienstleistungen an Menschen, die besondere Zuwendung erfordern, wie zum Beispiel in der Pädagogik und im Gesundheitswesen etc.) gehäuft zur «emotionalen Erschöpfung», zum Erleben der Sinnlosigkeit ihres Tuns, zur Erschöpfungsdepression, die als «Burn-out» bezeichnet wird. All das sind ganz typische Syndrome eines kalten Konflikts.

Im unterkühlten Konflikt gehen die Konfliktparteien einander mehr und mehr aus dem Weg. Sie vermeiden direkte Begegnungen und lassen sich nicht mehr auf einen offenen Streit ein. Das zeigt sich in Organisationen unter anderem auch darin, dass die inoffizielle Liste der *unbesprechbaren* Themen immer länger wird. Weil niemand von einer Diskussion irgendetwas Positives erwartet, kommen diese Themen gar nicht mehr auf die Tagesordnung. Aber dennoch bestehen sie natürlich als ungelöste

Probleme weiter und es muss etwas unternommen werden. Deshalb agieren die Konfliktparteien jetzt immer mehr im Verborgenen. Wenn wichtige Entscheidungen anstehen, sorgen sie dafür, dass insgeheim bereits alle Weichen gestellt sind, bevor es zu einer offiziellen Besprechung kommt. Dann ist die strittige Sache eigentlich schon vor der Sitzung entschieden und es gibt kein Zurück mehr.

Während sich die Konfliktpartner im heißen Konflikt durch persönliche Gewaltanwendung exponieren, ziehen sie es im kalten Konflikt vor, unpersönliche «Systemgewalt» oder «strukturelle Gewalt» zu aktivieren und als Kampfmittel einzusetzen. Für die eine Partei kann das bedeuten, dass sie sich ausführlich über alle relevanten gesetzlichen Bestimmungen informiert und bei jeder passenden Gelegenheit formale Schranken gegen die Forderungen und Behauptungen der Gegenpartei ins Treffen führt. Ihre Begründung lautet dann: «Persönlich lege ich Ihnen überhaupt nichts in den Weg, aber es bestehen objektive Gegebenheiten, die das absolut verbieten, was Sie erreichen wollen.» Auf beiden Seiten werden immer mehr formale Gründe als «Sachzwänge» für die Abwehr ins Treffen geführt. Denn: Wer kann schon etwas gegen das oberste Organ ausrichten, gegen die Gesetze, die Justiz oder den ganzen Staatsapparat? Das hat in vielen Fällen ein Wuchern von formalen Sicherungsvorschriften zur Folge, wodurch auf Dauer eine Organisation verbürokratisiert wird und sklerotisiert. Dieses Verhalten ist ein Grund dafür, dass immer wieder ein starkes Gefühl der Ohnmacht aufkommt, weil der Bewegungsspielraum immer mehr eingeengt wird.

In Werte-vertretenden Gemeinschaften, wie in kirchlichen oder humanitären Organisationen, habe ich oft beobachtet, dass bei praktischen Differenzen in der Anfangszeit des Konflikts klärende Aussprachen unterblieben sind, weil man sich tolerant verhalten wollte und Angst hatte, dass die bestehenden Differenzen noch vertieft werden könnten. Als sich die Probleme zuspitzten, wurde das einige Zeit noch mit dem «Mantel der Nächstenliebe» zugedeckt und aus falsch verstandener Höflichkeit äußerlich toleriert – bis dann plötzlich eine sehr kräftige Maßnahme gesetzt wurde, die eine Explosion auslöste. Alle Betroffenen waren schockiert. Auf das lange Unterlassen folgte nun die Überreaktion, gegen die sich die betroffenen Personen heftig wehrten, weil es sie völlig unvorbereitet traf. Daraufhin brachten sie wie nach einem Dammbruch ihre Sichtweise über Medien und spontane Proteste in die Öffentlichkeit, in der nun die übelsten gegenseitigen Beschimpfungen losgingen. Weil aber auch die Menschen, die zu so drastischen Mitteln gegriffen hatten, selbst entsetzt waren, bemühten sie sich nunmehr darum, den Konflikt wieder unter Kontrolle zu kriegen und deshalb einzufrieren. Für solche Situationen gebrauche ich die Metapher «Island», weil neben einem Gletscher ein Geysir herausschießen kann.

Es ist bezeichnend für kalte Konflikte, dass die unterdrückten negativen Gefühle mit der Zeit mehr und mehr somatisiert werden, d.h., dass sich die belastenden Beziehungsprobleme in körperlichen Beschwerden niederschlagen: als Probleme mit dem Stoffwechsel, mit Herz und Kreislauf, als Bandscheibenvorfälle, Menstruationsbeschwerden, Asthma, Migräne usw. (Bauer 2008, Seite 200ff.). Der Gehirnforscher Gerald Hüther bringt das auf die einprägsame Formel: «Psychologie wird zu Biologie!» (siehe auch Storch/Cantieni/Hüther/Tschacher

2006). Deshalb geben Statistiken über auffällige Personalfluktuationen und Erkrankungen in einer Organisation wichtige Hinweise auf versteckte kalte Konflikte. In der Zeitschrift Konfliktdynamik Nr. 2/2014 gehe ich vor allem auf kalte Konflikte näher ein (Glasl 2014b) und in derselben Nummer werden von medizinischer und psychologischer Seite die gesundheitlichen Schäden kalter Konflikte aufgezeigt.

Die Palette der Stimmungen im kalten Konflikt reicht mit der Zeit von unterschwelliger Angst zur Lähmung, von Pessimismus zur Resignation, von Selbstbezichtigung zum Selbsthass, von Selbstzweifeln zum Verlust jeglichen Selbstwertgefühls, von Ohnmachtsgefühlen bis zum Erleben einer Sinnlosigkeit der eigenen Existenz. So wird es verständlich, dass es den meisten Menschen in einem kalten Konflikt – vor allem wenn er schon längere Zeit besteht – sehr schwer fällt, sich auf die Perspektive einer konstruktiven Konfliktbehandlung mit der Gegenpartei einzulassen, denn die Erlebnisse der Vergangenheit halten sie gefangen.

Viele Faktoren wirken zusammen

In größeren Gemeinschaften liegt es jedoch primär nicht am Charakter der beteiligten Personen, ob Konflikte heiß oder kalt ausgetragen werden, vielmehr sind noch andere Faktoren maßgeblich. Am stärksten wirkt die Prägung durch die Kultur des Sektors, zu dem die Organisation generell zu zählen ist, und durch die besondere Kultur der konkreten Organisation (vgl. Narbeshuber 2002). So kommt es generell im Sektor der Banken, Versicherungen, in öffentlichen Verwaltungen (Kommunen, Bundesländer oder Kantone, Gesamtstaat) und in kirchlichen Organisationen (gleichgültig, welcher Konfession) zu kalten Konflikten. Ähnliches gilt auch innerhalb einer Organisation für bestimmte Abteilungen: Recht, Compliance, Buchhaltung, Rechnungswesen, Controlling etc. Doch im Bausektor, im Hotel- und Gastgewerbe, in der Welt der darstellenden Künste und in Organisationen (bzw. Abteilungen), die kreative Leistungen zu erbringen haben (Produktentwicklung, Marketing, PR usw.), treten bevorzugt heiße Konflikte auf. Aber unter den verschiedenen Bankunternehmen oder von Pfarre zu Pfarre gibt es natürlich wieder Schattierungen der kalten Konflikte, so wie es im Bausektor von Firma zu Firma oder im Gastgewerbe von Hotel zu Hotel unterschiedlich heiße Konflikte gibt.

Neben der Kultur des Sektors oder der konkreten Organisation spielen die subjektiv erlebten Machtdifferenzen zwischen den Konfliktparteien eine entscheidende Rolle. Wenn jemand in Spannung zu seinem Vorgesetzten lebt und sich selbst als viel, viel schwächer erlebt als den Chef, dann tendiert die schwächere Person in der Regel dazu, den Konflikt auf kalte Weise auszutragen, weil sie sich dadurch nicht als persönlicher Aggressor zu exponieren braucht. Sollten sich aber die Machtverhältnisse im Umfeld wesentlich ändern, indem zum Beispiel der Vorgesetzte an Macht verliert, dann könnte es für die schwächere Partei unter Umständen viel weniger riskant sein, sich auf einen heißen Konflikt einzulassen. Im Rahmen der Sektor- und Organisationskultur ist nun das persönliche Kalkül der schwächeren Partei ein wichtiger Faktor: Wie viel Risiko kann ich mir leisten?

Zur phänomenologischen Erfassung der Austragungsform eines Konflikts ist auf das Zusammenwirken der vielfältigen Phänomene zu einem *Gesamtmuster* zu achten. Wenn nur einzelne der beschriebenen Phänomene zu beobachten sind, kann daraus noch kein schlüssiges Bild gewonnen werden, so wie aus einzelnen Merkmalen noch nicht auf eine Jahreszeit oder auf eine bestimmte Klimazone geschlossen werden kann. Wenn jedoch 80% oder mehr der Phänomene zu erkennen sind, ist eine eindeutige Bestimmung des Typus möglich. Und ich bin selber immer wieder aufs Neue erstaunt, wie oft sich die Situationsmerkmale den 95 % nähern.

Arbeit an den tatsächlich wirkenden Organisationskulturen

Weil die Organisationskultur ein mächtiger Faktor ist, gehe ich jetzt darauf näher ein. Es gibt in jeder Gemeinschaft, in jeder Organisation offizielle und inoffizielle Verhaltensregeln, deren Einhaltung – wie oben schon kurz umschrieben – durch Sanktionen gestützt und gesichert wird. Als positive Sanktion ist zu verstehen, dass jemand Anerkennung erntet und Karriere macht, wenn er sich gemäß den Normen der Kultur verhält; und als Sanktionen zählen Behinderungen im Aufstieg, Beauftragung mit unangenehmen Aufgaben, Marginalisierung einer Person bis hin zum Mobbing. Die offiziellen Spielregeln sind z. B. formal gültig beschlossen und publiziert worden und in Leitsätzen für Führung und Zusammenarbeit formuliert oder in einer Betriebsordnung und in anderen Dokumenten. Viele Spielregeln werden nur mündlich weitergegeben und in innerbetrieblichen Weiterbildungsveranstaltungen trainiert. Daneben bestehen jedoch überall noch inoffizielle Normen, die sogenannten «heimlichen Spielregeln»,

Tendenzaussagen zur generellen Organisationskultur

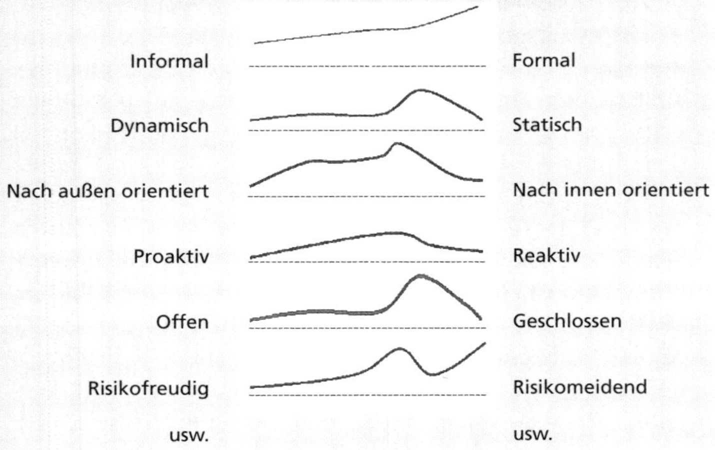

die impliziten Glaubenssätze und Normen, die durch Erfahrungen in der Organisation als Gewohnheitsrecht entstanden sind und oft zu den offiziellen Geboten und Verboten in Widerspruch stehen. Sie werden hinter vorgehaltener Hand an gute Freundinnen und Kollegen oder an Neuankömmlinge weitergegeben, damit sie sich «nicht danebenbenehmen»: «Widersprich niemals Deinem Chef! Zeige Dich an der Firma interessiert! Bleibe öfters länger im Büro, damit Dein Eifer gesehen wird!» Diese inoffiziellen Spielregeln leben als Überzeugungen, Lebensmottos und Denkgewohnheiten in den Menschen. Sie beeinflussen in hohem Maße deren Verhalten und sind nur veränderbar, wenn sie den Menschen als kollektive Denk- und Verhaltensmuster bewusst gemacht und durch andere Prinzipien ersetzt werden.

Als Berater oder Mediator sammle ich in einer Organisation Aussagen der Menschen zur *generellen Kultur* in ihrer Organisation oder Abteilung und prüfe, ob sie auf den Skalen (von den 15 bis 20 Skalen sind oben nur einige als Beispiele abgebildet) zu den Begriffen auf der linken oder der rechten Seite tendieren (wobei diese Begriffe davor noch erläutert worden sind).

Wenn sich – wie bei dem hier gezeigten Beispiel – zeigt, dass eine deutliche Tendenz zu den Begriffen der rechten Seite besteht, dann begünstigt die Kultur mit hoher Wahrscheinlichkeit eine kalte Austragungsform von Konflikten. Wenn aber die Tendenz zu den Begriffen auf der linken Seite geht, begünstigt die Kultur mit größter Wahrscheinlichkeit heiße Konflikte. Das kann eine erste Bestandsaufnahme der generellen Kultur einer Gemeinschaft sein.

Die Reflexion der Gemeinschaftskultur müsste weiter vertieft werden, indem z. B. die Menschen in kleinen Gruppen – etwa 5 bis 8 Personen – in einem Brainstorming formulieren, nach welchen inoffiziellen oder heimlichen Leitsätzen oder Mottos sich Mitglieder der Gemeinschaft zu verhalten haben, damit sie nicht zu Außenseitern werden. Solche Mottos können sich auf das Verhältnis zu den Vorgesetzten, zu gleichrangigen Kolleginnen und Kollegen oder zu unterstellten Mitarbeitenden beziehen, oder auf das Verhalten bei eigenen oder fremden Fehlern, oder auf den Umgang mit möglichem gesetzwidrigen oder unethischen Verhalten des eigenen Unternehmens, usw. (siehe zum «Whistleblowing» Meyer 2010).

Bei der Konfliktarbeit in Organisationen haben die Betroffenen oft folgende «heimliche Spielregeln» bzw. Mottos formuliert, die in einer Organisationskultur eine *heiße Konfliktaustragung* fördern:

- Lass dir nichts gefallen! Gibt kräftig Kontra!
- Wer schneller zuschlägt, ist im Vorteil.
- Angriff ist die beste Verteidigung.
- Auf einen groben Klotz gehört ein grober Keil!
- Lieber blaue Flecken als Magengeschwüre.
- Mach aus deinem Herzen keine Mördergrube!
- Offene Konflikte stärken das Selbstbewusstsein.
- Lass dich nicht zweimal bitten, in den Ring zu steigen!
- Wo gestritten wird, ist Leben.
- Wenn du Fehler gemacht hast, schiebe sie lautstark anderen in die Schuhe!
- Konflikte sind die Geburtshelfer des Fortschritts.

… und Ähnliches mehr.

Bei einer Mediation mit einer Gemeinschaft, die Konflikte heiß austrägt, fällt es gewöhnlich den Menschen nicht schwer, in Gruppen diese Mottos zu finden und zu formulieren. Es passt ja auch gut zur Haltung der Streitlust.

Hingegen kann es in Organisationen, in denen *kalte Konflikte* gedeihen, sehr schwierig sein, die Menschen zu ermutigen, selbstkritisch auf die Kultur ihrer Organisation zu schauen. Sie suchen eigentlich Schutz, und den erleben sie eher in ganz kleinen Gruppen von drei bis fünf persönlich ausgewählten Personen als in einer Plenumrunde von zwanzig oder dreißig Kolleginnen und Kollegen. Ein kleiner Umweg über sogenannte «zirkuläre Fragen» kann eine ehrliche Aussprache erleichtern, indem ich frage, was wohl andere Menschen, die neu in die Organisation kommen, über die «heimlichen Spielregeln» sagen würden, oder was sie so an Gerüchten im Haus hören. Oder ich lade sie ein, Tipps für Bekannte zu formulieren, wie sie sich bei einer

IST-Situation

1. **Wie läuft der konkrete Prozess gegenwärtig wirklich ab?**
   - Einzelne Prozessschritte
   - Welche **Mittel/Instrumente** werden dabei eingesetzt?
2. **Wer ist an den Prozessen faktisch wie beteiligt?**
   - Wie sind tatsächlich die Aufgaben/ Befugnisse/Verantwortung?
   - Metapher für das Rollengefüge
3. **Welche Mottos liegen 1 und 2 implizit tatsächlich zugrunde?**
   - Wie lauten die unausgesprochenen Annahmen, Maximen?

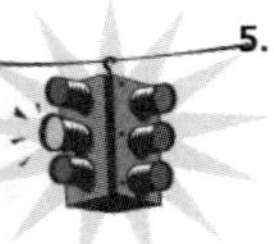

SOLL-Situation

7. **Wie soll der Prozess künftig ablaufen?**
   - Einzelne Prozessschritte
   - Welche **Mittel/Instrumente** sind künftig dafür nötig?
6. **Wer soll an den Prozessen künftig wie beteiligt werden?**
   - Wie sollen Aufgaben/Befugnisse/Verantwortung sein?
   - Metapher für Rollen/Beziehungen
5. **Nach welchen Mottos/Leitsätze wollen wir künftig handeln?**
   - Wie sollen die neuen/teilweise veränderten Mottos lauten?

«Verkehrsampelfrage» 4. Welche Mottos bejahen wir (grün)? Welche wollen wir ganz (rot) oder teilweise (orange) ändern?

Bewerbung verhalten sollen, damit sie eine Stelle in dieser Organisation bekommen.

Für eine Kultur der *kalten Konflikte* werden dann mit Hilfe der einen oder anderen Methode u. a. folgende Mottos als charakteristisch genannt:

- Nur keinen Streit – sonst können wir einander überhaupt nicht mehr in die Augen schauen!
- Hier wird nicht geschrien!
- Wer hier grob wird, setzt sich von vornherein ins Unrecht.
- Eine raue Sprache ist rüpelhaft und passt nicht in eine kultivierte Gemeinschaft wie die unsrige.
- Konflikte sind Sünde.

- Wenn zwei streiten, freut sich doch nur der Dritte.
- Wo Stiere miteinander kämpfen, wächst kein Gras mehr.
- Der Klügere gibt nach.
- Nichts wird so heiß gegessen, wie es gekocht wird – warte ab!
- Wenn du Fehler gemacht hast, vertusche sie und lass dich nicht ertappen!

… und Ähnliches mehr.

Für eine gezielte Arbeit an der Kultur einer Organisation wie auch an deren Klima, an den zwischenmenschlichen Beziehungen und den konkreten Prozessen und Abläufen haben mein niederländischer Kollege Dirk Lemson und ich 1968 eine Methode entwickelt, die in der Organisationsentwicklungs-Literatur als «U-Prozedur» bekannt geworden ist (siehe dazu ausführlich Glasl/Kalcher/Piber 2020, Seite 157ff.).

Die «U-Prozedur» verbindet eine Organisationsdiagnose mit dem Entwurf der künftig gewünschten Organisation. Ausgewählte, ganz konkrete organisatorische Abläufe (Entscheidungsprozesse, Kontrollprozesse, Personalmaßnahmen etc.) werden mit den Personen, die an ihnen tatsächlich maßgeblich beteiligt sind, in ihren einzelnen Schritten genau rekonstruiert, so wie sie faktisch gegeben sind *(Frage 1);* dann wird mit *Frage 2* detailliert erfasst, welche Aufgaben die beteiligten Personen tatsächlich verrichten, über welche rechtlichen Befugnisse (Kompetenzen) sie dabei verfügen, wofür sie zur Verantwortung gezogen werden und wie sich das Zusammenspiel der Beteiligten mit Hilfe einer Metapher charakterisieren lässt (wie «die Crew eines Schiffes», oder wie «eine Zirkustruppe» etc.); schließlich suchen die Beteiligten, nach welchen Mottos, impliziten Leitsätzen oder heimlichen Spielregeln der Prozess tatsächlich so läuft wie er läuft und nach welchen Mottos das Zusammenwirken der Beteiligten sich so abspielt wie es sich abspielt. Dafür ist es am besten, wenn diese Mottos als Imperative, Appelle, sogenannte «Ausrufzeichen-Sätze» formuliert werden *(Frage 3)*. Diese Sätze werden in einem Brainstorming unzensiert aufgeschrieben. An dieser Stelle kommen oft wenig erfreuliche Mottos ans Tageslicht, sodass sich manche der Beteiligten dadurch angegriffen fühlen können. Aber an dieser Stelle hilft nur äußerste Wahrhaftigkeit weiter und das Bemühen um Verständnis, dass diese Vorgänge von manchen Menschen eben so empfunden werden, wie sie es in den formelhaften Sätzen der Mottos ausdrücken. Es bringt hier nichts, wenn damit argumentiert wird, dass ja die gültigen Leitsätze etwas anderes besagen – denn entscheidend ist einzig und allein, nach welchen Mottos sich die Menschen wirklich verhalten. Schließlich stellen sich alle Beteiligten der *«Verkehrsampelfrage» (Frage 4):* Welche Mottos sollen in Zukunft unser Denken und Handeln leiten? Zu welchen Leitsätzen wollen wir uns bekennen? Diese Sätze werden *grün* markiert; die Mottos, die gänzlich abgelehnt werden, werden *rot* markiert; und manche Mottos werden *orange* markiert, wenn ein Satzteil der Formulierung erhaltenswert ist, während ein anderer Satzteil nach Meinung der Gruppe verändert werden muss. Nun wendet sich die Gruppe ganz der Zukunft, der Soll-Vorstellung zu. Als Antwort auf *Frage 5* werden die erhaltenswerten (grün markierten) Mottos und die teilweise neu formulierten (orange markierten) Mottos aufgeschrieben. Die *Fragen 6* und *7* können am besten in einem ständigen Hin- und Herpendeln beantwortet werden: Wie soll auf der Grundlage der neuen Mottos dann der künftige Prozess gestaltet sein und wer hat dafür welche Aufgaben, Befugnisse und Verantwortung zu übernehmen? Mit dieser Methode wird ein konkreter, täglicher Prozess in einer Organisation diagnostiziert und verbessert, und mit ihm exemplarisch auch die Organisationskultur, die dem Ablauf und dem Verhalten der Beteiligten tatsächlich zugrunde liegt.

Die besonders starke Wirkung der U-Prozedur beruht darauf, dass die Kultur einer Organisation in ihren ganz konkreten Manifestationen erfasst wird; und dass die Änderung der Kultur sofort auch praktische Auswirkungen hat auf die konkreten Formen der Zusammenarbeit und der Abläufe bzw. Prozesse. Diese Methode ist ganzheitlich, denn sie betrachtet die Vernetzung von Kultur, Struktur und Prozessen mit den physisch-materiellen Mitteln und den tätigen Menschen und setzt mit den Veränderungen an all diesen Faktoren in ihrem Zusammenwirken an.

Sobald einmal die überpersönlichen «heimlichen Spielregeln» von den Mitgliedern einer Gemeinschaft ausgesprochen worden sind, schwächt sich schon etwas von ihrer steuernden Wirkung ab. Denn was erst heimlich war, das ist jetzt öffentlich. Nun kommt es darauf an, dass sich die Mitarbeitenden auch ihrer eigenen Anteile an der bisherigen Situation bewusst werden: «Wie habe ich selbst nach diesen Grundsätzen gehandelt? Was habe auch ich bisher getan, um die jetzt abgelehnten Spielregeln aufrechtzuerhalten? Was hat mir das bis jetzt genützt?» Und mit dem Blick in die Zukunft: «Was werde ich selbst ab heute anders tun? Von welchem Grundsatz will ich mich leiten lassen? Was mache ich zu meinem persönlichen Lebensmotto?»

Das sind einige Möglichkeiten, wie bei heißen oder kalten Konflikten die Konfliktbearbeitung an den organisationalen Elementen beginnen kann. Dieses Vorgehen ergänzt die Maßnahmen, die bei den Menschen selbst ansetzen. Die praktische Vorgehensweise bei der U-Prozedur demonstriere ich in einem Lehrfilm, in dem es um simulierte Konflikte in einem Industrieunternehmen geht, in dem ich den Konflikt vor Jahren erfolgreich bearbeitet habe (siehe Ballreich/Glasl 2010, DVD 5, Szene 13).

Bevor ich nun einige Methoden vorstelle, die bei den Menschen selbst ansetzen, möchte ich aus Sicht der Anthroposophie einige spirituelle Hintergründe offenlegen, die für das Verstehen der Dynamik heißer und kalter Konflikte hilfreich sein können. Aber es versteht sich, dass ich damit niemandem meine Sicht aufdrängen will. Denn auch ohne die hier vorgestellten Hintergründe kann an heißen und kalten Konflikten sehr fruchtbar gearbeitet werden. Dies wird jedoch schon intensiviert, wenn jemand auch die Archetypen kennt und versteht, die der Konfliktdynamik zugrunde liegen.

Zwei Gegenmächte prägen die zwei Konfliktformen

In meinen Anfangsjahren als Berater und Mediator war mir oft rätselhaft, warum bestimmte Ansätze der Konfliktbearbeitung in der einen Situation hilfreich waren, während sie in einer anderen die Probleme nur verschärft hatten. Allmählich konnte ich die unterschiedliche Intensität von Konflikten erkennen und entwickelte daran die Theorie der Konfliktdynamik, wie sich Konflikte in neun

Eskalationsstufen steigern können (ausführlich in Glasl 2020, Seite 213 ff., weiter vertiefend in Glasl 2014 c und mit vielen praktischen Beispielen in Glasl 2008, Seite 84 ff.). Die Eskalationstheorie trägt zu einer genauen Diagnose des Konflikts bei und ermöglicht eine Abstimmung des Vorgehens auf die besonderen Erfordernisse jeder Eskalationsstufe. Erst später, als ich Rudolf Steiners Vorträgen über das Wirken von zwei Widersachermächten begegnete, die *Luzifer* und *Ahriman* genannt wurden (Steiner GA 120), erhellte sich mir die Unterscheidung in die beiden Konflikttypen heiße und kalte Konflikte, die ich aufgrund empirischer Untersuchungen bereits weitgehend beschrieben hatte, deren Urbild mir aber damals noch nicht klar war.

Was ist der Erkenntnisgewinn? Die zwei Mächte des Bösen sind in sich selbst in gegensätzliche Prinzipien gespalten und bewirken Entzweiung unter den Menschen, vorausgesetzt, dass ihnen die Menschen in ihrer Seele Zutritt ermöglichen. Hier trifft das deutsche Sprichwort zu: *«Der Teufel klopft wohl an, aber der Mensch ruft herein»* (Moritz 2006, Seite 450). Und die spanische Volksweisheit ergänzt dazu (Moritz 2006, Seite 362): *«Vor einer verschlossenen Tür kehrt der Teufel um.»* An Beispielen aus der Menschheitsgeschichte führt Steiner genau aus, wie *Luzifer* in Völkern immer zum Beginn einer Kulturepoche inspirierend wirkte, sodass sich die Menschen neuen Ideen und Werten zuwandten und diese in ihr Begehren aufnehmen wollten.

Die Vorträge zeigen weiterhin, wie *Ahriman* – in der altpersischen Mythologie als «Geist der Finsternis» der Gegenspieler des guten Gottes «Ahura Mazdao» – immer wieder die Menschen dazu bewegte, nach einiger Zeit die

Luzifer, Ausschnitt aus Rudolf Steiners Holzplastik «Der Menschheitsrepräsentant» am Goetheanum in Dornach

bestehende Kultur durch Zwistigkeiten unter den Herrschenden und durch Kriege zwischen Völkern zu zerstören (siehe zu Luzifer, Ahriman und Asuras Glasl 2016b).

Luzifer und Ahriman wirken auch in der individuellen Seele und im Umgang der Menschen miteinander und führen im menschlichen Organismus zu typischen Krankheitsformen. Die Essenz dieses Wirkens lässt sich wie folgt zusammenfassen: Wenn wir Menschen durch unser Denken, Fühlen, Wollen und Handeln luziferische Kräfte in uns zulassen, führen diese zu «heißen», d. h. fiebrigen und

Ahriman, Ausschnitt aus Rudolf Steiners Modell der Holzplastik «Der Menschheitsrepräsentant» am Goetheanum in Dornach

schmerzhaften Entzündungskrankheiten, während ahrimanische Kräfte zu den «kalten Krankheiten», wie zum Beispiel Sklerose oder Krebs, führen, die erst in einem späten Stadium Schmerzen erleben lassen. Die Therapie muss deshalb für beide Krankheitstypen unterschiedlich sein.

Diese Ausführungen wurden für mich ein Schlüssel zum Verstehen der zwei oben beschriebenen Konflikttypen, die ich schon einige Zeit vor dieser Lektüre als «heiß» und «kalt» charakterisiert hatte. Luzifer ist der Geist, der das Selbstbewusstsein zur Selbstüberschätzung *überhöht,* wie dies für das Handeln im heißen Konflikt charakteristisch ist; und Ahriman ist der Geist, der in den

Menschen das kühle Denken steigert, bis die Menschen zur kalten und berechnenden Intelligenzbestie werden. Das manifestiert sich im Taktieren des kalten Konflikts. Auch hier zeigt sich, dass die Qualitäten, die dem Verhalten in beiden Konflikttypen zugrunde liegen, an sich berechtigt und nützlich sind und nur zu ihren Extremformen überdehnt destruktiv geworden sind.

Das ist bedeutungsvoll für die Konfliktarbeit, die bei den Menschen direkt ansetzt.

Positive und negative Aspekte heißer und kalter Konflikte

Beim Lesen der Symptome und Mechanismen der überhitzten und unterkühlten Konflikte kann der Eindruck entstanden sein, dass die eine Form weniger schlecht sei als die andere. Ich möchte heiß und kalt aber gar nicht wertend vergleichen, denn beide Austragungsformen können eskalieren (Glasl 2020, Seite 325 ff.) und lassen deutlich fatale Auswirkungen erkennen. Beiden Formen liegen jedoch gewisse positive Qualitäten zugrunde, wenn sie im richtigen Maß gelebt werden. Problematisch sind – genau besehen – die *übertrieben einseitigen Haltungen und Verhaltensweisen*. Der Arzt Paracelsus hat deswegen treffend dargelegt, dass die Dosis entscheidend ist, ob ein Stoff Gift oder Heilmittel ist.

Als positive Seite der heißen Konflikte betrachte ich die Tatsache,

– dass Menschen für ihre Positionen mutig eintreten. Doch erst wenn der Mut zum Übermut und die Kon-

frontation zur Dominanz über Andersdenkende ausarten, wird dieses Streitverhalten kontraproduktiv. – Weiterhin schätze ich an den Streitparteien, dass sie sich zu ihren Gedanken, Gefühlen und Anliegen bekennen und weder sich noch den Anderen etwas vortäuschen. Massive Probleme entstehen erst, wenn das eigene Denken, Fühlen und Wollen zur einzig richtigen Position erklärt wird und jegliche andere Auffassung mit verbaler oder körperlicher Gewalt bekämpft wird.
- Positiv finde ich auch, dass sich die Konfliktparteien einer offenen Konfrontation stellen und mit offenem Visier kämpfen. Nicht tolerieren kann ich jedoch, wenn das Konfrontieren und Polarisieren zum Selbstzweck wird und im Vandalismus endet. Denn ich habe viele Situationen gesehen, in denen einige Heißsporne in der Gemeinschaft eine Spur der Entzweiung hinterlassen und selbst das Weite gesucht haben.

Durch die luziferischen Kräfte in den Menschen werden die an sich positiven Qualitäten pervertiert und wirken dann destruktiv.

Als positive Seiten der kalten Konflikte betrachte ich,
- dass die Konfliktparteien eine gewisse Rationalität wahren und sich nicht einfach vom Affekt zu folgenschweren Taten hinreißen lassen. Die negative Kehrseite ist allerdings, wenn die Intelligenz primär nur noch für das Ausklügeln einer eiskalt berechnenden Strategie verwendet wird, um der Gegenseite eine Schlinge zu drehen oder sie kaltblütig an die Wand fahren zu lassen.
- An den Streitenden schätze ich im kalten Konflikt, dass

sie eine gewisse Rücksicht walten lassen – sei es auch nur auf sich selbst – und sich schützen wollen. Doch durch die Überdosierung dieser Haltung wird die Rücksichtnahme zum feigen Ausweichen und zum Verhalten eines Heckenschützen, der nur aus dem Hinterhalt angreifen kann.

– Wenn organisatorische Gegebenheiten angeführt werden, um persönliche Kontra-Aktionen zu begründen, wird damit auch auf eventuelle Konfliktpotenziale einer Organisation hingewiesen, die bei einer Konfliktlösung berücksichtigt werden müssen. Als Einseitigkeit und mögliche Verantwortungsflucht stellt sich hingegen für mich dar, wenn damit nur die persönlichen destruktiven Absichten getarnt werden sollen. Daran zeigt sich, wie sich ahrimanische Kräfte in der Seele breitgemacht haben, wodurch die an sich positiven Qualitäten durch die Maßlosigkeit schädlich werden.

Es kommt öfters vor, dass ein Konflikt einige Zeit heiß ausgetragen wird und heiß weiter eskaliert, aber dass auf einmal durch innere oder äußere Ereignisse der Konflikt in eine kalte Phase übergeht. Das kann geschehen, wenn sich jeder Konfliktpartner entschlossen hat, einen Anwalt bzw. eine Rechtsberaterin zu konsultieren, die von offener Aggressivität abraten, weil dadurch die eigene Rechtsposition geschwächt werden könnte. Ein kalter Konflikt kann in eine heiße Phase geraten, weil sich Kolleginnen oder Freunde auf eine Seite schlagen, die sich dadurch stärker fühlt und nunmehr weniger Rücksicht nimmt.

Ausschlaggebend für das Umschlagen eines heißen Konflikts in einen kalten können auch gravierende Veränderungen in den Machtverhältnissen des Umfeldes sein.

Wenn eine Partei aus Angst, ihre Stelle zu verlieren, keine Alternative hat, kann sie bemüht sein, vorsichtiger – und das heißt hier bloß: verdeckt statt offen! – zu agieren, um sich kein Eigentor zu schießen, indem sie vielleicht gesetzliche Bestimmungen verletzt.

Heiße und kalte Konflikte sind unterschiedlich zu behandeln

Wenn eine Mediatorin oder ein Konfliktcoach erkennt, dass der eine Partner heiß und der andere kalt kämpft, dann muss beim Vorgehen in den ersten Phasen vor allem auf die Verletzbarkeit der kalt agierenden Partei Rücksicht genommen werden. Sie darf sich nicht schutzlos fühlen und darf nicht in eine Situation gebracht werden, in der sie sofort ihre tiefsten Gefühle offenlegen müsste. Dazu braucht sie Zeit und muss erleben, dass Vertrauen nicht missbraucht worden ist. In der Regel schafft es eine direkter agierende heiße Konfliktpartei doch eher, sich etwas in Geduld zu fassen und nicht Situationen zu erzwingen, in denen sich die Gegenpartei verunsichert fühlen und noch mehr zurückziehen würde.

Was ist zu tun bei heißen und kalten Konflikten?

Mit den ersten Maßnahmen (den Schlüsselinterventionen) der Konfliktbearbeitung müssen die Streitparteien sozusagen an verschiedenen Orten abgeholt werden.

Das folgende Schema zeigt die Grundsätze auf, die dabei zu beachten sind.

Erste Schlüsselinterventionen

bei heißen Konflikten	bei kalten Konflikten
Abkühlen durch «Entschleunigung»	Anwärmen durch Verbindlichkeit, Einsatz, Nähe
Begrenzen von Themen, Zeit, Ort	Auflockern der Formen, Stimmung; emotionale Äußerungen stimulieren
Spielregeln einführen: Wie streiten, wie kommunizieren wir jetzt?	Procedere-Verkrustungen wenigstens für die Zeit der Mediation aufheben
Interim-Vereinbarungen, Drittpartei als Spielregeln-Instanz	Drittpartei garantiert als Schutzmacht vor Übergriffen und Verletzungen
Diagnose-Rückmeldungen an alle Parteien gleichzeitig (alle anwesend) sind möglich	Unfruchtbar: Diagnose-Rückmeldungen an alle gleichzeitig am selben Ort
Direkte Konfrontationen der Parteien sind möglich und zumeist fruchtbar	Zunächst «getrennt abholen», Drittpartei pendelt längere Zeit zwischen Parteien: Selbstwertgefühl muss entstehen
Arbeit am «Hier und Jetzt», an Zukunft sehr früh möglich und fruchtbar	Bewältigen der Vergangenheit nötig, bevor Zukunftsoptionen möglich sind

Erste Aktionen bei heißen Konflikten

Bei heißen Konflikten geht es anfangs darum, die zunehmend turbulenten Konfliktereignisse zu entschleunigen und somit etwas abzukühlen. Ich kann als Mediator oder als Führungskraft bzw. beteiligte Person dafür vorschlagen und mit den beteiligten Parteien vereinbaren, Themen, Zeit und Ort der Auseinandersetzung zu begrenzen. Es werden also nicht alle Themen gleichzeitig angesprochen, wie dies ja bei heißen Konflikten üblich ist, sondern nach dem Inventarisieren der Streitthemen aus der Sicht jeder Partei wird vereinbart, welche Themen in welcher Reihenfolge bearbeitet werden sollen. Dafür wird auch festgelegt, zu welcher Zeit, in welchem Zeitrahmen und an welchem Ort dies geschehen soll. Mit diesen nebensächlich erscheinenden Punkten wird die Dynamik heißer Konflikte, ständig mehr Themen in den Streit hineinzuziehen, von einem Punkt auf den anderen zu springen und immer und überall darüber zu streiten, eingedämmt. Wenn sich die Konfliktparteien darauf einlassen, kommen etwas Ruhe und Übersicht auf. Dazu dienen auch *Spielregeln,* die als Interim-Vereinbarungen für eine begrenzte Zeit gelten sollen und die eine gewisse Disziplinierung in die Auseinandersetzung bringen. So wird zum Beispiel vereinbart und deutlich begründet:

- dass Sticheleien und verletzende Bemerkungen unterbleiben sollen, weil sie ja selber bemerkt haben, dass sie das nicht weiterbringt
- dass bei einer Klärungsrunde nicht durcheinander gesprochen werden soll, sondern dass jede Person erst die Aussage der Vorredner kurz wiederholt, bevor sie die eigene Sichtweise darstellt – und auch dies im Gegensatz zu heißen Streitereien, bei denen keiner dem Anderen wirklich zuhört und man einander ständig ins Wort fällt
- dass außerhalb der Mediationssitzungen die Streitthemen nicht diskutiert werden, weil damit nur das Werben um Verbündete fortgesetzt wird
- was einerseits meine Rolle als Mediator sein wird und was das für das Rollenverhalten der Streitparteien bedeutet, weil ja unser Verhalten aufeinander abgestimmt sein muss
- was zu geschehen hat, wenn diese Spielregeln nicht klar

genug sind bzw. wenn sich jemand nicht an sie hält; in diesen Fällen bin ich als Mediator gleichzeitig «Spielregel-Instanz» und entscheide, wie die Regeln zu verstehen sind und was beim Regelbruch zu geschehen hat. Denn dadurch soll der Konflikt um den Konflikt und der Konflikt um die Konfliktlösung beendet werden.

Es ist besonders wichtig, eine Haltung der gegenseitigen Rücksichtnahme aufzubauen, sodass die Konfliktparteien nicht mit Worten und Taten aufeinander losschlagen. Wenn sich eine Streitpartei zu spitzen und kränkenden Aussagen hinreißen lässt, kann ich als Mediator darauf aufmerksam machen und dazu auffordern, die Wirkung dieses Handelns zu beobachten und zu beurteilen, ob dieses Verhalten einer Aufarbeitung des Konflikts zweckdienlich ist. Und wenn es zu einer Verletzung einer Spielregel kommt, geht es mir darum, durch mein «Modellverhalten» zu zeigen, dass man nicht mit Sanktionen darauf reagieren muss, sondern so eine Situation auch konstruktiv bewältigen kann. Durch ein derartiges Vorgehen kommt eine kleine «Dosis» an Rücksichtnahme auf, sodass etwas von der positiven Kraft des kalten Konflikts in den heißen Konflikt getragen wird.

Im heißen Konflikt kann ich in der Regel meine Eindrücke, die ich durch meine Kontakte bisher gewonnen habe, den Konfliktparteien gleichzeitig im selben Raum in kompakter Weise zurückmelden. Ich muss jedoch darauf achten, dass ich damit nicht das Verhalten der Streitparteien beurteile oder bewerte. Wenn ich dabei herausfordernd oder konfrontierend auftrete, kann dies durchaus positiv wirken – weil ich dann von den heiß Streitenden als ebenbürtig geschätzt werde. Wenn auf diese oder ähnliche

Weise gute Voraussetzungen für die Arbeit an den Konflikten geschaffen worden sind, können sich die Parteien relativ schnell auf die Arbeit am «Hier und Jetzt» einlassen und dabei erkennen, welche Denk- und Verhaltensmuster und welche Einstellungen den Konflikt verschärft haben. Und schon nach kurzer Zeit kann auch mit Methoden der Lösungs-fokussierten Mediation an den Streitthemen gearbeitet werden (siehe Bannink 2009, Röhrig/Scheinecker 2019). Das bedeutet, dass wir gar nicht lange die bestehende Situation und die Ereignisse, die dazu geführt haben, anschauen müssen, sondern dass wir schnell an gemeinsamen Vorstellungen einer für alle erwünschten Zukunft arbeiten können. Und dass in der Perspektive dieses angestrebten Zustandes dann die einseitigen Wahrnehmungen und Denkmuster, die negativen Gefühle und die unbefriedigten Bedürfnisse bearbeitet werden. Andernfalls hätten die Lösungsvorstellungen doch keine tragfähige Basis.

Was ist zu tun bei einem kalten Konflikt?

Die Bearbeitung eines kalten Konflikts gestaltet sich am Anfang schwieriger als die eines heißen Konflikts. Während im überhitzten Konflikt die Beteiligten dazu stehen, dass sie einen Konflikt haben, wird im unterkühlten Konflikt durch Konfliktscheu, Angst und Abwehrverhalten erst einmal geleugnet, dass es überhaupt einen ernsthaften Konflikt gibt. Wenn das nicht überwunden wird, trifft das Schutz- und Abwehrverhalten auch mich als Mediator. Ich muss dann herausfinden, welche Ängste dieses Verhalten bestimmen und wie ich dafür Schutz und Sicherheit anbieten kann.

Wenn eine Mediation an unterkühlten Konflikten ansetzt, muss ich mit meinen ersten Aktionen die Situation etwas «anwärmen» und «auftauen», damit sich eine lebensfördernde Temperatur entwickelt. Gleiches gilt auch für Beteiligte oder Führungskräfte, die ohne externe Hilfe den Konflikt lösen wollen. Das kann geschehen, indem die Menschen zu der helfenden Drittpartei (Mediatorin, Coach, Beraterin, Führungskraft) Vertrauen fassen und sich durch vertrauliche Einzelgespräche ermutigen lassen zu klaren und direkten Stellungnahmen, mit denen sie auch ihre Emotionen zeigen können. Das geschieht durch sogenannte Ich-Botschaften, d.h., die Menschen sagen nicht «**Man fühlt sich** hier in die Enge getrieben», sondern «**Ich fühle** Beklemmung!». Oft beginnen sie in diesen Gesprächen erst wieder, ihre eigenen Gefühle zu spüren, sie zuzulassen und vorsichtig zu benennen. Es ist wichtig, sich nicht nur negative Erlebnisse erzählen zu lassen, sondern auch positive Erfahrungen mit angenehmen Gefühlen. Und ich kann meine ehrliche Anerkennung dafür aussprechen, dass sie trotz des vielen Leids immer noch Grenzen zu wahren verstanden haben und den Konflikt nicht noch weiter eskaliert haben. Wenn sie dabei meine Empathie erleben – jedoch nicht meine Parteinahme für sie! –, kann Nähe entstehen und die Konfliktparteien können auch wieder Selbstwertgefühle entwickeln (siehe auch Breuninger-Ballreich 2009).

Dadurch kann die Erstarrungstendenz allmählich schwinden und es wird eine Qualität der Wärme, die im heißen Konflikt zu viel ist, in geringer «Dosierung» in den kalten Konflikt eingebracht. Das Unterkühlte wird nicht überhitzt, sondern nur aufgetaut. Aber es ist sehr wichtig, den Konfliktparteien immer Schutz und Sicherheit zu garantieren. Dazu vereinbare ich Zeichen, mit denen mir zu verstehen gegeben wird, dass in der Auseinandersetzung mit der Gegenpartei jetzt eine Grenze erreicht ist und eine Konsultation unter vier Augen nötig wird. Christoph Thomann (2005) und Helga Kernstock-Redl mit Béa Pall (2009) wie auch Friedemann Schulz von Thun (Pörksen/Schulz von Thun 2014) geben viele praktische Hinweise, wie Mediatorinnen und Mediatoren dann mit sogenannten «negativen Gefühlen» umgehen können.

Wenn es schließlich zu Begegnungen mit der Gegenpartei kommt, werden Spielregeln vereinbart, die den oben genannten in der heißen Konfliktsituation ähnlich sind. Sie geben Orientierung und Sicherheit. Beim Vereinbaren von Spielregeln im kalten Konflikt besteht die Gefahr, zu viele und zu detaillierte Regelungen für alle Eventualitäten schaffen zu wollen. Damit würde die Verkrustung durch Vorschriften noch ärger werden. Deswegen ist es jetzt sehr wichtig, dass ich mich (als Mediator, als Führungskraft oder Moderator) sozusagen als Schutzmacht dafür verbürge, weitere Verletzungen zu unterbinden. Nur dadurch kann ich das Loslassen von starren Regeln erreichen und die Konfliktparteien sind bereit, vorübergehend nicht auf alle Regelungen zurückzugreifen, die sie im Zuge des kalten Konflikts als Sicherheitsnetz zusätzlich geschaffen haben.

In noch zwei wichtigen Punkten muss ich in kalten Konflikten ganz anders vorgehen als in heißen: (1) Bei Diagnoserückmeldungen und (2) bei der Arbeit zur Bewältigung der Vergangenheit.

1. *Diagnoserückmeldungen:* Es hat sich in kalten Konflikten als kontraproduktiv erwiesen, vor *allen* Konflikt-

parteien *zur selben Zeit* und *im selben Raum* meine Eindrücke in Form diagnostischer Hypothesen zurückzumelden und die Betroffenen damit zu konfrontieren. Zu oft habe ich in den Anfangsjahren meiner Mediatortätigkeit hierbei massive Abwehr erlebt und musste lernen, mein Vorgehen zu verändern. Stattdessen hat sich eine *getrennte Rückmeldung* als fruchtbar erwiesen, in der ich meine Eindrücke vom Verhalten der Partei beschreibe, mit der ich im Rückmeldegespräch bin. Denn es hat wenig gebracht, bei den Anfangsschritten auf die Interaktion zwischen den Parteien einzugehen, weil sie viel zu sehr darauf bedacht sind, sich vor den Anderen keine Blöße zu geben. Die nächsten Aktionen sollten sich dann darauf konzentrieren, den Parteien zuerst noch getrennt zu helfen, ihre eigenen «innenpolitischen» Probleme zu bewältigen. Erst wenn sie daran erleben konnten, dass sie ihr Schicksal wieder in die Hand nehmen und ihre Ressourcen nützen können, fühlen sie sich ermächtigt, auch die «außenpolitischen» Probleme des Umgangs mit der anderen Partei zu bearbeiten.

2. *Vergangenheitsbewältigung:* Weil die Konfliktparteien in kalten Konflikten nicht zu erkennen geben, ob die gegnerische Partei sie getroffen hat, merken sie gar nicht, wie sehr sie einander gegenseitig schon verletzt haben. Weil sich jede Seite eigentlich überwiegend als Opfer sieht, haben die Betroffenen bei kalten Konflikten ein starkes Bedürfnis, sich gegenseitig vorzuhalten, was sie vom Anderen, dem Täter, erlitten haben. Sie rufen so immer wieder die Gespenster der Vergangenheit auf den Plan und zeigen kaum Bereitschaft, sich auf positive Gedanken und Gefühle einzulassen. Sie hoffen darauf, dass

die Gegenseite einsieht und anerkennt, was sie ihnen angetan hat. Das kann zu Beginn einige Zeit beanspruchen und macht es notwendig, sich dem Ballast der Vergangenheit zuzuwenden. Zu Beginn haben also Ansätze der Lösungs-fokussierten Mediation so gut wie keine Wirkung (vgl. Wüstehube 2010 und mein Nachwort in Bannink 2009). – Eine sehr wirksame Methode zur Vergangenheitsbewältigung ist meine oben beschriebene «Mikro-Analyse kritischer Episoden» (Seite 51 ff.). Mit ihrer Hilfe können die Geschehnisse, die von der einen und von der anderen Seite als sehr zerstörerisch und verletzend erlebt worden sind, so aufgearbeitet werden, dass jede Seite einerseits sieht, was sie dem Anderen angetan hat, und dass andererseits deutlich werden kann, wie vieles gar nicht bewusst und gewollt stattgefunden hat, sondern weil die Handelnden die Kontrolle über ihr Verhalten verloren haben. – Erst wenn ein gewisses Maß an Aufarbeitung der Vergangenheit gelungen ist und sich historischer Ballast aufgelöst hat, können die Konfliktpartner den Blick in die Zukunft richten.

Das unterschiedliche Vorgehen in heißen bzw. kalten Konflikten ist so lange geboten, bis eine lebensfördernde Temperatur geschaffen worden ist. Danach gleichen sich die Methoden immer mehr. Es muss aber gesagt werden, dass sich die Arbeit an kalten Konflikten sehr langwierig gestalten kann. Weil kalte Konflikte oft schleichend und äußerlich nicht direkt wahrnehmbar eskalieren, leben die Konfliktparteien schon längere Zeit in dieser Situation. Sie haben sich schlecht und recht mit dem Konflikt abgefunden und sich irgendwie mit ihm arrangiert. Auch wenn nun durch richtige Interventionen bereits gewisse Klärun-

Grundsätze für Interventionen in heißen bzw. kalten Konflikten

Die vorhandenen übermäßigen und einseitigen Kräfte der beiden Formen sind zu transformieren von destruktiven zu konstruktiven Wirkungen, und sie sind von der Einseitigkeit zur Ganzheitlichkeit zu führen:

Gefühlswärme in *kalte* Konflikte bringen,
Rationalität in *heiße* Konflikte bringen

Die übermäßige Spontankraft des *heißen* Konfliktes
zum Auflösen der Erstarrung im *kalten* Konflikt nutzen

Die übermäßige Formkraft des *kalten* Konfliktes zur
Gestaltungskraft im *heißen* Konflikt wandeln

Den Mut zur Aggression im *heißen* Konflikt zur Kraft
der ehrlichen und konstruktiven Konfrontation wandeln

Die Vermeidungsangst im *kalten* Konflikt
zur Rücksichtnahme für die Gegner transformieren

gen und Lösungen erreicht worden sind, ist es meistens notwendig, die alten Verhaltensmuster öfters auf zyklische Weise anzusprechen. Dabei ist darauf zu achten, ob in neuerlichen kritischen Situationen die alten Gewohnheiten wieder die Oberhand bekommen haben. Denn das Vereinbaren und Erlernen neuer Verhaltensweisen kann durchaus schnell gehen – doch das Abgewöhnen alter Muster braucht Zeit, weil es immer wieder zu Rückfällen kommen kann.

Prinzipien zur Gestaltung von Interventionen

Eingangs habe ich erklärt, dass heiße Konflikte eigentlich überhitzte und kalte Konflikte eigentlich unterkühlte Austragungsformen sind. Deshalb ist das Ziel der bisher beschriebenen Interventionen (d.h. Maßnahmen), mit den Konfliktparteien ein lebensförderndes soziales Klima wieder herzustellen. Die Prinzipien dafür sind im obigen Schema dargestellt.

Oben habe ich auf den spirituellen Hintergrund der beiden Konflikttypen hingewiesen: Luziferische Kräfte verführen zu den überhitzten Konflikten und ahrimanische Kräfte zu unterkühlten Konflikten. Beide Mächte bewegen Menschen zu Einseitigkeiten, sowohl in ihren innerseelischen Tätigkeiten wie auch im Umgang mit der Gegenpartei. Und dieses Verhalten färbt auch wieder auf die ganze Gemeinschaft ab, in der sich eine bestimmte über-individuelle Haltung als Kultur der Gemeinschaft bildet und verfestigt und auch auf der organisationalen Ebene zu Einseitigkeiten und Überzeichnungen führt. Diese Kultur wirkt ihrerseits wieder sehr mächtig auf das Denken, Fühlen, Wollen und Handeln der Individuen ein. So bilden sich fatale Selbstverstärkungskreisläufe. Deshalb bedeutet das Finden des richtigen Maßes – wie dies schon in den alten griechischen Mysterien betont worden ist – eine Heilung. Es geht bei allem gar nicht darum, im Konflikt das Luziferische und das Ahrimanische zu *bekämpfen,* sondern zu erkennen, welche positive Kraft vorhanden ist und wie diese wieder im richtigen Maß gelebt werden kann. In der hypnosystemischen Therapie und Beratung wird ein ähnliches Vorgehen «Utilisation» (Schmidt 2011, Seite 92ff., Schmidt 2017) genannt. Diesen Hinweis gibt auch Rudolf Steiner in seiner Holzplastik, in welcher Christus zwischen Luzifer und Ahriman schreitet und beide Widersacher keineswegs vernichtet, sondern sie durch den Ges-

Christus, Ausschnitt aus Rudolf Steiners Holzplastik «Der Menschheitsrepräsentant» am Goetheanum in Dornach

tus seiner Arme und Hände in einer Spannung hält, die das Fortschreiten ermöglicht – nämlich den Fortschritt der Menschheitsentwicklung. Genau so sind auch die oben angeführten Prinzipien der Konfliktbehandlung heißer und kalter Konflikte als christliches Suchen nach einer maßvollen Haltung zu verstehen, die eine weitere Entwicklung ermöglicht.

Wenn Mediatorinnen und Mediatoren auf die hier beschriebenen Unterschiede einzugehen verstehen, können sie den Konfliktparteien helfen, die destruktiv ausgetragene Differenz zu einer konstruktiven Auseinandersetzung zu transformieren.

Konfliktfähigkeit wirkt präventiv und kurativ

Der gedankliche Bogen dieses Buches beginnt mit der Beschreibung der Restriktionen, Trübungen und Verzerrungen, die in den Menschen auftreten, wenn sie Stress empfinden und sich in Spannungen und in Konflikten befinden. Ich habe gezeigt, was in jedem von uns geschehen kann, sobald wir die Zügel der Selbstlenkung lockern oder aus der Hand gleiten lassen. Wenn wir nicht mehr Selbst-gesteuert wahrnehmen, denken, fühlen und wollen, dann erlauben wir bestimmten Kräften in uns, die Führung zu übernehmen. Unser Handeln gerät dadurch mehr und mehr außer Kontrolle. Wir sind nicht mehr fähig, die Differenzen, mit denen wir konfrontiert sind, die uns herausfordern und überfordern, konstruktiv zu bewältigen. Stattdessen verursachen wir Wirkungen, die wir oft in dieser Tiefe und in diesem Umfang so nicht bewusst gewollt haben, die aber Anderen – und uns selbst! – Schaden und Leid zugefügt haben. Das wächst sich aus zur dämonisierten Zone. Und überall dort, wo statt des Ich eines Menschen so etwas wie ein seelisches Vakuum entsteht, schaffen wir durch Worte und Taten elementarische Wesen – Phantome, Spektren und Dämonen –, die den Raum zwischen den Menschen ausfüllen. An einigen Beispielen habe ich gezeigt, dass wir diesen Kräften nicht hilflos ausgeliefert zu sein brauchen. Wir können die Selbst-Steuerung wieder zurückgewinnen, wenn wir bereit sind, Verantwortung für unser Tun und Lassen zu übernehmen.

Und wenn wir auch auf die Strukturen und Kulturen unserer Organisationen schauen und diese verändern.

Der Bogen spannt sich dann weiter zu der Frage, wie Konfliktarbeit nachhaltige Wirkungen zeigen kann. Das ist immer dann notwendig, wenn die Konfliktparteien nach einer gefundenen Lösung auch weiterhin irgendeine Beziehung zur Umsetzung der Ergebnisse aufrechterhalten müssen. Zur Beantwortung dieser Frage habe ich die Prinzipien und einige exemplarische Methoden der Metanoischen Mediation dargestellt. Sie setzt bei den seelischen Funktionen Wahrnehmen, Denken, Fühlen und Wollen an und ist bemüht, in jedem dieser seelischen Bereiche eine innere Umkehr zu ermöglichen.

Das Wesentliche der *kognitiven Wendeerlebnisse* ist, dass sich in den Bildern wie auch im Wahrnehmen und im Denken der Konfliktparteien eine Umwendung vollzieht:

- die Verengung des Blicks («Röhrenblick») – weitet sich wieder aus und kann komplexe Sachverhalte erfassen,
- die Verabsolutierung der eigenen Sicht – weicht dem Erkennen und Anerkennen der Sichtweisen des Anderen,
- die Reduzierung des Bildes des Anderen nur auf seine negativen Eigenschaften – wird wieder zu einem Bild des Anderen, das positive und negative Seiten aufweist,
- die Überzeugung, selber im Besitz der einzigen Wahrheit zu sein – wird zu einem Erkennen der Subjektivität des eigenen Denkens.

Bei Mediationen frage ich deshalb die Konfliktparteien nach Klärungsgesprächen zu ihren Wahrnehmungen und ihren Deutungen des Wahrgenommenen, ob sich jetzt etwas grundlegend verändert hat. Wenn dem nicht so ist, wären die Voraussetzungen noch nicht gegeben, auch an emotionalen Wendeerlebnissen zu arbeiten.

Das Wesentliche der *emotionalen Wendeerlebnisse* ist, dass durch die Konfliktbearbeitung eine Umwendung in der seelisch-körperlichen Befindlichkeit der Konfliktparteien gelingt:

- die Selbstbezogenheit der Gefühle – wird zur interessierten Zuwendung zum Anderen,
- die Abkapselung von den Gefühlen des Anderen – wandelt sich zur Empathie,
- das Verdrängen oder Leugnen eigener negativer Gefühle – weicht einem ehrlichen Eingeständnis eigener negativer Emotionen und deren Auswirkungen,
- das körperliche Empfinden von Last, Druck und Spannung schwindet – und macht einem Gefühl der Entlastung, Entspannung und Befreiung Platz,
- die Schadenfreude über dem Anderen zugefügte Verletzungen oder Schädigungen – wandelt sich zu einem Mit-Leiden mit dem Anderen,
- die Ablehnung des Anderen und seines Verhaltens – wird zur Wertschätzung für sein Bemühen, die eigenen Schwächen zu überwinden,
- die Verachtung für den Anderen – wird zu einer Haltung der Achtung,
- Hass und Eigenliebe – werden zur Nächstenliebe.

Wenn es für die genannten Wendeerlebnisse spürbare Ansätze gibt – auch wenn diese noch immer labil erscheinen –, können auch *intentionale Wendeerlebnisse* gelingen, deren wesentliche Merkmale die folgenden sind:

- die Fixierung auf die Ersatzbedürfnisse – löst sich durch das ehrliche Erkennen der eigenen Primärbedürfnisse und der Primärbedürfnisse des Anderen,
- die Einengung auf die eigenen unbefriedigten Bedürfnisse – wird zu einem Hinwenden zu den Bedürfnissen des Anderen,
- das gegenseitige Abweisen und Frustrieren der Bedürfnisse des Anderen – wird zu einem Bemühen, die Bedürfnisse des Anderen wie die eigenen zu erkennen und zu respektieren,
- das gegenseitige Bekämpfen – wandelt sich zu einem gegenseitigen Unterstützen,
- durch die Hinwendung zu den Bedürfnissen weitet sich auch das Verantwortungsbewusstsein für die Bedürfnisse Dritter und des größeren Ganzen.

Durch derartige Wendeerlebnisse in den seelischen Bereichen ändert sich letztlich auch das Verhalten der vormaligen Konfliktparteien und ihr Verhältnis zueinander: Die ursprüngliche Gegnerschaft wird als herausfordernde Partnerschaft bejaht – vielleicht sogar als schicksalsmäßige Verbundenheit.

Denn Metanoia bedeutet Gesinnungswandel, indem die alten Feindbilder aufgelöst und die Besonderheiten der eigenen und fremden Denkmuster durchschaut werden; darüber hinaus vollzieht sich der Wandel auch im Gefühlsleben der Beteiligten, indem sie sich auch für das Leiden des Anderen öffnen und mit diesem mitfühlen können; und schließlich bedeutet der Wandel auf der Willensebene, dass sich die ehemals zerstrittenen Menschen einander zuwenden, die eigenen Bedürfnisse und die des Anderen erkennen und anerkennen und aus der Gegnerschaft zur

Partnerschaft finden – vielleicht sogar zum Bejahen einer Schicksalsverbundenheit.

Zuletzt hat der Bogen zur Betrachtung der unterschiedlichen persönlichen Haltungen Streitlust und Konfliktscheu geführt, die ja Einseitigkeiten und Verzerrungen positiver Qualitäten sind. Auch in Gemeinschaften und Organisationen unterschiedlichster Art können – nun auf kollektiver Ebene – ähnliche Muster wie auf der interindividuellen Ebene beobachtet werden. Die Haltungen der Streitlust bzw. der Konfliktscheu zusammen mit der Kultur einer Organisation begünstigen zwei konträre Formen der Konfliktaustragung, die als überhitzte oder unterkühlte Konflikte bezeichnet werden können. Ich habe an dieser Stelle auch offengelegt, welche geistigen Kräfte – Luzifer und Ahriman – dabei in den Menschen und in Gemeinschaften wirken und somit die heißen oder kalten Konflikte prägen. Auch hier habe ich beispielhaft einige Methoden für die Arbeit auf der Gemeinschaftsebene angeführt, und ich habe zuletzt Prinzipien genannt, die einer wirksamen Bearbeitung der heißen und kalten Konflikte zugrunde liegen.

Wenn Menschen den Mut haben, sich den Konflikten zu stellen, und wenn die Konfliktbearbeitung an den entscheidenden Stellen ansetzt, werden nicht nur die akuten Konflikte gelöst, sondern darüber hinaus haben sie mit der Bearbeitung ihrer Konflikte gelernt, wie sie mit Differenzen konstruktiv umgehen können. Mit anderen Worten: Sie sind konfliktfähig geworden. Sie erkennen rechtzeitig Trübungen und Verzerrungen in ihrer Wahrnehmung; sie werden aufmerksam auf ihre Denk- und Deutungsmuster des Wahrgenommenen; sie verschließen sich nicht emotional, sondern bleiben empfänglich für das

Menschliche in den eigenen emotionalen Regungen und für das Allzumenschliche in den Gefühlen des Konfliktpartners; und sie sind bereit, an der Befriedigung der Bedürfnisse mitzuwirken, sowohl der eigenen Bedürfnisse und Werte wie der Bedürfnisse des Konfliktpartners und darüber hinaus auch der umfassenden Gemeinschaft (siehe Ballreich/Glasl 2010).

Wo das gelingt, haben sich die Konflikte als wichtige Signale dafür erwiesen, dass die Konfliktparteien an sich selber, an ihrer Beziehung und am organisatorischen Kontext arbeiten sollen. Das heißt, dass dieser Ansatz der Konfliktbearbeitung nicht nur eine kurative, d. h. heilende Wirkung für bereits bestehende Konflikte hat, sondern darüber hinaus auch präventiv wirkt. Dadurch können künftig Differenzen besser konstruktiv bewältigt werden und müssen nicht zu Konflikten eskalieren, die für alle Beteiligten zur Gefahr werden.

Durch konstruktive Konfliktbearbeitung können Konflikte zu wichtigen, wenn zumeist auch ungebetenen Entwicklungshelfern werden.

Ich denke, dass das Auftreten von Konflikten immer zwei Gesichter hat: Es kann *regressiv* wirken und dazu führen, dass wir zurückgreifen auf direktive oder theokratische Modelle; oder es kann uns *progressiv* in Neuland führen. Und wir können im lernenden Tun dem hohen Anspruch, in der Gegenwart kulturerneuernd wirksam zu sein, ein Stück näherkommen.

Literaturnachweis

Bach, G. R./Wyden, P. (1992): Streiten verbindet. Frankfurt am Main.

Ballreich, R. (2009): Wege aus der Stress-Falle. In: Ballreich, R./Held, W./Leschke, M. (2009): Stress Balance. Wege zu mehr Lebensqualität. Esslingen.

Ballreich, R./Fröse, M./Piber, H. (Hg.) (2007): Organisationsentwicklung und Konfliktmanagement. Bern/Stuttgart/Wien.

Ballreich, R./Glasl, F. (2007): Mediation in Bewegung. Stuttgart.

Ballreich, R./Glasl, F. (2010): Konfliktbearbeitung mit Teams und Organisationen. Ein Lehrfilm zur Team- und Organisationsmediation. Stuttgart.

Ballreich, R./Glasl, F. (Hg.) (2011): Konfliktmanagement und Mediation mit Organisationen. Ein Lehr- und Übungsbuch mit Filmbeispielen auf DVD. Stuttgart.

Ballreich, R./Held, W./Leschke, M. (2009): Stress Balance. Wege zu mehr Lebensqualität. Esslingen.

Bauer, J. (2005): Warum ich fühle, was du fühlst. München.

Bauer, J. (2008): Das Gedächtnis des Körpers. München/Zürich.

Bauer, J. (2011): Schmerzgrenze. München.

Berner-Hürbin, A. (1997): Hippokrates und die Heilenergie. Basel.

Breuninger-Ballreich, S. (2009): Was Sie stark macht. Verborgene Kräfte aktivieren. Freiburg/Basel/Wien.

Buber, M. (1962): Das dialogische Prinzip. Heidelberg.
Buber, M. (1983): Ich und Du. Heidelberg.
Ciompi, L. (1999): Die emotionalen Grundlagen des Denkens. Entwurf einer fraktalen Affektlogik. Göttingen.
Ciompi, L./Endert, E. (2011): Gefühle machen Geschichte. Göttingen.
Faller, K. (2014): Konfliktfest durch Systemdesign. Stuttgart.
Frankl, V. E. (1975): Theorie und Therapie der Neurosen. Basel/München.
Glasl, F. (2008): Konflikt, Krise, Katharsis und die Verwandlung des Doppelgängers. Stuttgart.
Glasl, F. (2009): Wie transdisziplinäre Kooperation gelingen kann. In: AGAVA (Hg.): Gemeinsam gegen Gewalt – wer gemeinsam? Reader zum 8. Schweizer Kongress gegen Gewalt und Machtmissbrauch, Zürich, November 2009.
Glasl, F. (2010): Der moderne Mensch und der Begriff der Schuld. In: Deimann, D./Mugier, S. (Hg.): Entgegensprechen. Texte zu Menschenwürde und Menschenrecht. Seite 64–94. Basel.
Glasl, F. (2012a): Konflikt-Partitur. In: Knapp, P. (Hg.): Konfliktlösungs-Tools. Seite 219–224. Bonn.
Glasl, F. (2012b): Mikroanalyse kritischer Episoden. In: Knapp, P. (Hg.): Konflikte lösen in Teams und großen Gruppen. Seite 23–27. Bonn.
Glasl, F. (2012c): Heiße und kalte Konflikte in Organisationen. DVD mit Booklet. Stuttgart.
Glasl, F. (2012d): Wie Organisationsmediation mit Macht in Konflikten umgehen kann. In: Zeitschrift Gruppendynamik 2/2012.
Glasl, F. (2013): Konfliktmanagement. 11. Aufl. Bern/Stuttgart/Wien.
Glasl, F. (2014a): Durchbruch statt Zusammenbruch. In:

Huber, E. (Hg.): Mut zur Konfliktlösung. Seite 311–332. Stuttgart.
Glasl, F. (2014b): Der heimliche Krieg. In: Zeitschrift Konfliktdynamik 2/2014, Seite 101–109.
Glasl, F. (2014c): Eskalationsdynamik – zur Logik der Affektsteigerungen. In: Zeitschrift Konfliktdynamik 3/2014, Seite 190–199.
Glasl, F. (2015): Selbsthilfe in Konflikten. 7. Aufl., Bern/Stuttgart/Wien.
Glasl, F. (2016a): Schwellenerlebnisse in der Konflikteskalation. DVD 3 in: R. Ballreich/L. Ciompi/F. Glasl/A. von Schlippe: Die Macht der Emotionen. Affektlogik im Konflikt und in der Konfliktbearbeitung. 4 DVDs, Stuttgart.
Glasl, F. (2016b): Mephistos Lektionen. Wie das Böse im Individuum und im Sozialen wirkt. Dornach.
Glasl, F. (2020): Konfliktmanagement. 12. Aufl., Bern/Stuttgart/Wien.
Glasl, F. / Kalcher, T./Piber, H. (Hg.) (2020): Professionelle Prozessberatung. 4. Aufl. Bern/Stuttgart/Wien.
Glasl, F. / Varga von Kibéd, M. (2008): Die Interaktion des Familiensystems mit dem Unternehmenssystem in der Mediation. DVD, Concadoraverlag, Stuttgart.
Glasl, F. / Weeks, D. (2008): Die Kernkompetenzen für Mediation und Konfliktmanagement. Stuttgart.
Hollander, J. (2007): Denkstilmessung als Handwerkszeug für den Mediator. In: Brinkmann, M. / Korteweg-Wiers, M. (Hg.): Mediation im interkulturellen, grenzüberschreitenden, öffentlichen Bereich. Osnabrück/Amsterdam.
Huber, E. (Hg.): Mut zur Konfliktlösung. Stuttgart.
Hüther, G. (2002): Biologie der Angst. Göttingen.
Hüther, G. (2006): Die Macht der inneren Bilder. Göttingen.

Jung, C. G. (GW 7a): Über die Psychologie des Unbewussten. Gesamtwerk Bd. 7.
Jung, C. G. (GW 7b): Die Beziehungen zwischen dem Ich und dem Unbewussten. Gesamtwerk Bd. 7.
Kernstock-Redl, H. (2010): Zoff, Zank und Zores. Emotionen und Konflikte auf den Weg der Harmonie führen. Wien.
Kernstock-Redl, H./Pall, B. (2009): Gefühlsmanagement. Münster.
König, K. (2007): Abwehrmechanismen. Göttingen.
Koob, O. (2005): Das Ich und sein Doppelgänger. Stuttgart/Berlin.
Leibetseder, K./Engelbrecht, T./Glasl, F./Bacher, M. (2007): Wie kann Familienmediation gelingen? Graz.
Lievegoed, B. (1994): Der Mensch an der Schwelle. Stuttgart.
Maslow, A. (1954): Motivation and personality. New York.
Meyer, G. (2010): Zivilcourage extrem: Whistleblowing in Unternehmen und Verwaltungen. In: Zeitschrift perspektive mediation, Nr. 4/2010.
Moritz, L. (2006): Die Sprichwörter der Welt. Köln.
Narbeshuber, J. (2002): Früherkennung von Konflikten im Betrieb. Unveröffentlichte Diplomarbeit am Institut für Psychologie, Universität Salzburg.
Neumann, E. (1949): Tiefenpsychologie und neue Ethik. Zürich.
Omer, H./Alon, N./von Schlippe, A. (2007): Feindbilder. Psychologie der Dämonisierung. Göttingen.
Perls, F./Ross, M. (2007): Grundlagen der Gestalt-Therapie. Stuttgart.
Pörksen, B./Schulz von Thun, F. (2014): Kommunikation als Lebenskunst. Heidelberg.

Röhrig, P./Scheinecker, M. (Hg.) (2019): Lösungsfokussiertes Konfliktmanagement in Organisationen. Bonn.
Rosenberg, M. (2001): Gewaltfreie Kommunikation. Paderborn.
Schmidt, G. (2011): Einführung in die hypnosystemische Therapie und Beratung. Heidelberg.
Schmidt, G. (2017): Liebesaffären zwischen Problem und Lösung. Hypnosystemisches Arbeiten in schwierigen Kontexten. 7. Aufl., Heidelberg.
Schulz von Thun, F./Stegemann, W. (2004): Das innere Team in Aktion. Reinbek bei Hamburg.
Singer, T./Ricard, M. (Hg.) (2015): Mitgefühl in der Wirtschaft. München.
Splinter, D./Wüstehube, L. (2005): Perspektivenwechsel. In: Zeitschrift perspektive mediation 2005, Seite 66 ff.
Steiner, R. (GA 4): Die Philosophie der Freiheit.
Steiner, R. (GA 83): Westliche und östliche Weltgegensätze. Vortrag vom 11. Juni 1922.
Steiner, R. (GA 102): Vom Wirken der Elementarwesen. Berlin, Vortrag vom 4. Juni 1908.
Steiner, R. (GA 120): Die Offenbarungen des Karma. Elf Vorträge, Hamburg, 16. bis 28. Mai 1910.
Steiner, R. (GA 186): Die soziale Grundforderung unserer Zeit – In geänderter Zeitlage. Dornach, Vorträge vom 6. und 7. Dezember 1918.
Steiner, R. (GA 236): Esoterische Betrachtungen karmischer Zusammenhänge, Band 2, Vortrag vom 4. Mai 1924.
Steiner, R. (GA 260 a): Briefe an die Mitglieder. Dornach 1924.
Storch, M. / Cantieni, B. / Hüther, G. / Tschacher, W. (2006): Embodiment. Die Wechselwirkung von Körper und Psyche verstehen und nutzen. Bern.
Thomann, Ch. (2000): Klärungshilfe. Reinbek bei Hamburg.

Thomann, Ch. (2005): Negative Gefühle ausdrücken. In: Zeitschrift perspektive mediation 1/2005. Seite 36–40.
Thomann, Ch. (2007): Die Rolle der schwierigen Gefühle bei der Auflösung zwischenmenschlicher Konflikte. In: Ballreich/Fröse/Piber (Hg.) (2007): Organisationsentwicklung und Konfliktmanagement. Bern/Stuttgart/Wien.
Thomann, Ch./Prior, Ch. (2007): Klärungshilfe: Das Praxisbuch. Reinbek bei Hamburg.
Treichler, R. (1981): Die Entwicklung der Seele im Lebenslauf. Stuttgart.
Weber, M. (1919): Politik als Beruf. Berlin 2010.
Willi, J. (1975): Die Zweierbeziehung. Hamburg.
Wüstehube, L. (2010): «Einmal angenommen …» Das Sprungbrett: systemisch-lösungsfokussierter Einstieg in die Mediation. In: Zeitschrift perspektive mediation 2010, S. 56ff.

Autorenvita

Foto: Sulzer, Salzburg

Friedrich Glasl, 1941 in Wien geboren, nach Berufsausbildung zum Schriftsetzer Studium der Politikwissenschaften und Psychologie. 1967 Dissertation zur internationalen Konfliktverhütung. 1967 bis 1985 in den Niederlanden am NPI-Institut für Organisationsentwicklung, befasst mit Unternehmensberatung und Mediation. 1983 Habilitation für Organisationswissenschaft. 1984 Mitgründer der Beratungsfirma Trigon Entwicklungsberatung in Graz, 1985 Rückkehr nach Österreich (Salzburg), Gastprofessor für Organisationsentwicklung und Konfliktmanagement in Europa, Asien und Afrika, Visiting Prof. an der Staatl. Universität Tiflis (Georgien). Beteiligt an Friedensprozessen in Armenien, Georgien, Israel-Palästina, Kroatien, Nord-Irland, Sri Lanka, Südafrika. Lektor der Freien Hochschule für Geisteswissenschaften (Dornach), Mitgründer des Verlags Concadora (Stuttgart) und der Zeitschrift «perspektive mediation». Über 250 Veröffentlichungen, worunter mehrere Standardwerke für Organisationsentwicklung, Konfliktmanagement und Lehrfilme zu Mediation.
Deutscher Sokrates-Mediationspreis 2014, Internationaler Mediationspreis WinWinno 2015, internationaler Life Archievement Award der Weiterbildungsbranche 2017.

FRIEDRICH GLASL

MEPHISTOS LEKTIONEN

Wie das Böse im Individuum und im Sozialen wirkt

Friedrich Glasl stellt dar, wie Goethe die für Konflikte typischen Denkweisen und Verhaltensmuster genau erkannt und im Faust-Drama anschaulich gemacht hat. Die Konfliktforschung bestätigt, dass es sich beim Agieren des Mephistopheles um die Mechanismen handelt, die einen Menschen zu bösen Handlungen treiben. Das gilt für den Verlust der Selbststeuerung in Krisensituationen, für die Teufelskreise in Konflikten wie auch für das Schaffen menschenfeindlicher Organisationen und totalitärer Herrschaftsformen. Nach den Gräueln des Nationalsozialismus, des Stalinismus und des aktuellen Terrors ist das Durchschauen der Techniken des Bösen wichtig, um vorbeugend handeln zu können.

2. akt. Aufl. 2020, 160 S., kart., ISBN 978-3-7235-1643-0

VERLAG AM GOETHEANUM